能源善治的原理与制度规范

韦　冉　著

山东大学出版社
SHANDONG UNIVERSITY PRESS
·济南·

图书在版编目（CIP）数据

能源善治的原理与制度规范/韦冉著．—济南：山东大学出版社，2021.5

ISBN 978-7-5607-6894-6

Ⅰ.①能…　Ⅱ.①韦…　Ⅲ.①能源法—研究—中国　Ⅳ.①D922.674

中国版本图书馆 CIP 数据核字（2021）第 242894 号

责任编辑　肖淑辉
封面设计　杜　婕

出版发行　山东大学出版社
社　　址　山东省济南市山大南路 20 号
邮政编码　250100
发行热线　(0531)88363008
经　　销　新华书店
印　　刷　济南巨丰印刷有限公司
规　　格　720 毫米×1000 毫米　1/16
　　　　　10.5 印张　200 千字
版　　次　2021 年 5 月第 1 版
印　　次　2021 年 5 月第 1 次印刷
定　　价　45.00 元

序

源于后现代工业革命的工业社会的到来，极大地促进了人类能源需求的增长与能源危机的加深。同时，随着国家整体经济发展与各项建设取得巨大成就，经济发展加速与能源供给下降的矛盾也日益尖锐。在能源整体存量固定、新能源无法满足工业生产的大部分需求的背景下，如果不转变能源利用方式，则资源撑不住、环境容不下、经济难以为继。因此，能源利用的制度创新是优化存量布局、节约生产消耗、提升科学技术水平、推动能源分配公众参与的重要方式。从某种意义上来说，若将能源视为一个发展领域，我们转变能源利用方式与推动能源制度创新不仅是为了减少能源消耗与保护环境，更重要的是促进能源领域的多元治理与推动能源领域革命。目前，党中央在部分地区确立了国家能源革命综合改革试点，着力推进清洁生产与完善能源利用高效体制，打造“清洁低碳、安全高效”的现代能源体系，这就是突破传统路径依赖的制度创新过程，其改革关键在于开放治理与制度转型，也标志着传统的能源利用与管理路径在环境友好型社会和能源安全社会中的式微与消弭，推动能源高质量发展业已成为能源综合改革的发展进路。

从法学视野来考究，能源利用的制度创新是一个复合范畴，需要兼顾能源法律制度建设、能源法律观念改造、能源法律利益分配等多个方面，需要围绕市场化改革与能源价格改革来确立现代化能源体制改革的法治方向。法律治理的愿景是，随着能源行政审批、能源利用环境影响评价、能源使用监管、能源议价机制、公众意见上升渠道等法律制度规则的日趋完善，能源利用的法律调节机制逐步趋向合理化与常态化，公众形成节约能源的朴素观念，能源利用的区域矛盾和产业矛盾得到缓和与根除，并最终确立一系列的能源利用规则与完善的国家能源治理格局。而当前的现实是，改革开放以来，中国正以史无前例的速度迈向现代化建设与全面发展的黄金时期。在全球能源矛盾加剧与国内能源消费总量居高不下的背景下，能源利用突发事件增多，能源供需矛盾日益凸显，能源发展的不确定性因素日益增多。在这样的背景下，中国传统的能源监管体制与监管模式所折射的监督乏力、运作掣肘、观念老旧等问题日益凸显，围绕能源治理方式的变革、能源法律制度的创新来推动能源治理体系与治理能力的现代化成为重要命题，而治理理论则成为透视中国能源管理结构与体制的重要视角。

本书立足于上述问题，较为全面系统地阐释了治理理论、善治理论、能源观等的理论背景、主要观点、逻辑架构、本质特征，在此基础上厘清了善治理论视野下能源善治的内涵与构成要素，提出了能源善治的价值与原则、能源善治变革的内在逻辑与方向。更进一步讲，本书以中国能源利用状况与管理体制为问题域，比较系统地研究了中国能源善治法律制度的困境与原因，从法律制度要素匮乏、法律制度层次模糊、法律制度类型混乱、法律制度环境缺失等方面反思了中国能源利用结构与能源制度的问题状况，从制度体系创新、政府责任创新以及源头管理制度、多元主体制度等方面求证了中国能源善治的理论建构与方法进路。

从研究基础来看，本书主要运用了善治理论来支撑能源治理的现代化与科学化的主要观点。善治理论在公共政策学与管理学领域的蓬勃发展凸显了其旺盛的理论生命力，作为调优公共管理秩序、提升治理效率与最大化公共利益的方法工具，善治理论为能源治理问题提供了重要的研究视角。从研究内容来看，本书首次系统地将善治理论融入能源管理体系改革的研究中，通过对能源法法学理论与能源治理模式的梳理，对理想状态下能源善治的决策模式和政策体系作了系统规划，最终说明了能源法律制度建构的预期进路。从研究的完整性来看，本书在梳理能源善治相关理论及中国能源利用体制问题的基础上，主要围绕能源利用的多元主体、能源监管主体、能源源头治理主体、能源行业主体、能源运输管理主体等方面确立了能源善治的制度规范。本书整体研究结构完整，研究结论科学，为中国能源法制革新与治理体系现代化研究提供了善治视野。

秦　鹏

2021 年 5 月

前 言

能源是保障社会经济发展的基石，是人类文明进步的物质基础。离开能源，人类社会将无法生存。综观人类的能源利用历史，在火之后，大约经历了三个主要阶段，分别为木炭时期、煤炭时期和石油时期，由于不可再生的化石能源终究会枯竭，可以预见，人类的未来必将走向新能源与可再生能源时期。

“善治”属于一个政治学和法学交叉领域的概念。它被普遍认为是政治国家和公民社会的最佳状态，是一种新型关系，其实质是政府与公民以合作的形式共同对公共生活进行管理。“能源善治”是一个新的概念，能源善治的原理与制度规范是环境资源法的一个新兴研究领域，有自己独特的研究方法、价值目标与原则体系。能源善治的研究涉及经济法、环境法、行政法各个部门，包括政治学、经济学与公共管理学等内容，是一个跨部门法的领域，又是一个综合性的命题研究。

虽然能源法学科起步较晚，但近几年却有长足的发展，在其能源领域相继出现了大量单行能源法及配套法律法规、能源法律体系建设的学术文章等成果，但论及能源管理的论文和专著很少，更没有将其提高到善治的高度。作为一个崭新的命题，本书具有一定的创新性和理论、实践意义。

本书共分五章。第一章，能源善治的意义解构。通过对善治理论的衍生和相关概念的辨析，对善治有了初步的界定。善治理论衍生根植于政府管制的危机、公民社会的发育以及治理理论的发展等。善治作为20世纪90年代以来占据主流话语的公共治理模式，其实质是“更好的治理”。而对这一概念的认定，还应当厘清其与“统治”“治理”“法治”“善政”等关联概念的关系，以更好地界定何谓“善治”。能源善治概念的形成伴随着能源观的变迁，在总结能源善治内涵的基础上，归纳出能源善治包含多元协商、公开透明、法治结构、稳定有效以及责任回应等基本构成要素。

第二章，能源善治的逻辑起点。我国的能源状况不容乐观，能源供给、结构、效率、环境等问题凸显。当前应变革能源治理模式，实现能源治理从威权型统治模式、管制型治理模式向多中心善治模式的转变，建立适应我国经济社会发展的新的能源治理机制。能源管理模式变革的过程，实际上蕴含了从工具意义向责任意义转变、从威权统治向多元治理变革、从单向管制向回应社会转向的内在逻辑。

第三章，能源善治的价值与基本原则。能源善治具有正义、秩序、效率、安全等价值。正义是能源善治的首要价值，无论何种法律，最终都要达到社会意义特别是分配意义上的相对公平，是能源善治的终极目的所在。传统的秩序、效率和安全也更具新意，侧重人与自然的和谐共生、人类最终的可持续发展及人类最终幸福的生活。有序、协调合作、公平公开、公众参与等作为能源善治的基本原则，体现了能源善治追求的多元主体共同治理，实现能源的代内与代际均衡和公共利益的最大化。

第四章，能源善治制度的困境检视。在实践中，能源善治并非一帆风顺，遭遇了诸多困境。特别是我国当前能源善治的法治化进程还明显滞后，适宜能源善治健康发展的法治环境还未能建立起来，集中表现在能源善治法律制度存在要素缺乏、层次不足、类型混乱等方面的缺陷。对此，我们可以从制度层面进行反思，主要包括市场机制作用不充分、有效激励与政府导向不够、公众环境意识落后、能源善治的法律体系不健全及传统增长方式阻碍等多个方面的原因。

第五章，能源善治的制度设计与构建。能源善治的体系创新包括能源善治的理念革新与重塑，能源善治的主体嵌入过程创新和更加科学合理的能源善治的决策模式与政策导向。能源善治的制度设计与构建包括能源善治中的政府管理责任制度，源头管理制度（能效标识制度，鼓励、限制、禁止名录制度，市场准入制度，能源价格制度），多元主体制度，政监分离与行业反垄断制度，能源储备、应急与法律责任制度等。

作　者

2021 年 5 月

目　录

绪　论

1. 能源的定义

能源是人类生存和发展的物质基础，为人类活动提供能量来源，对人类的生产生活乃至生存发展都起着至关重要的作用。对于如何定义“能源”，许多学者从不同的角度进行了阐释，可谓是众说纷纭。在笔者看来，结合能源的性质、与其他能量的关系及作用，可对“能源”做如下定义：能源是自然界中能为人类提供某种形式的能量的物质资源，是呈多种形式且可以相互转换的能量的源泉，是整个世界发展和经济增长的最基本驱动力。

虽然观点众多，但国内学者对“能源”的定义大致可以分为两种：第一种观点主张“能源是一种能够提供某种形式能量的物质或物质运动”①，即将能源理解为“物质”或“物质运动”；第二种观点则主张“能源是能够直接取得或者通过转换生产而获取有用能量的各种资源”②，即将“能源”理解为“资源”。此外，有学者将两种观点折中，认为能源是指能够通过物理或者化学过程提供能量，并可以被人类所控制和利用的物质资源。③ 第一种观点最为普遍，因此本书也重点对第一种观点进行阐释。

肖乾刚教授等是第一种观点的代表人物，他主张能够提供某种形式能量的物质或物质运动是能源。④ 一般而言，提供能量的物质有两种，其中能源资源是在自然状态下未经人类劳动改造的，能源产品则是根据人类需要经过改造的。提供能量的物质运动也就是物质本身的做功，包括风能、水能和太阳能等非化石能源。一般而言，只要能为人类所使用并获取有用

---

① 龚向前. 气候变化背景下能源法的变革［M］. 北京：中国民主法制出版社，2000：9.

② 吕振勇. 能源法简论［M］. 北京：中国电力出版社，2008：1.

③ 刘辉. 对我国《能源法》立法问题的思考［J］. 国际石油经济，2006（7）.

④ 肖乾刚，肖国兴. 能源法［M］. 北京：法律出版社，1996：2.

能量的各种来源都可划归为能源。因此，能源的种类繁多，并随着科技探索的推进而不断有许多“新能源”被发现。

笔者认为，能源是一种可以给人类带来有用价值的资源，亦称“能源资源”或“能量资源”，是可以直接或间接转化，为人类提供所需的光、热、动力等任一形式能量的载能体资源，是指通过加工或经转化而取得诸如热能、机械能、光能、电能等多种有用能量的各种资源或物质资源，包括石油、煤炭、天然气、煤层气等一次能源，热力、电力、成品油等二次能源以及风能、水能、太阳能、海洋能、地热能、天然气水合物等其他新能源和可再生能源。

从法律角度来看，对能源定义的理解往往因各国传统、资源禀赋、经济社会状况而有所差异。从我国目前的能源立法来看，《节约能源法》第二条规定：“本法所称能源，是指煤炭、石油、天然气、生物质能和电力、热力以及其他直接或者通过加工、转换而取得有用能的各种资源。”另外，《可再生能源法》第二条提出了“可再生能源”的概念，即诸如太阳能和由太阳能转换而成的水能、风能、生物质能等连续、可再生的非化石能源。我国《能源法》（征求意见稿）第二条利用“定义加列举”对“能源”进行阐释说明——“能源是指能够直接取得或者通过加工、转换而取得有用能的各种资源，包括煤炭、原油、天然气、煤层气、水能、核能、风能、太阳能、地热能、生物质能等一次能源和电力、热力、成品油等二次能源，以及其他新能源和可再生能源。”除此之外，新能源和可再生能源的具体定义也出现在《能源法》（征求意见稿）附则的第一百三十九条“术语的法律解释”中。基于新的技术开发利用，例如风能、太阳能、海洋能、生物质能、氢能、核聚变能和天然气水合物等的非常规能源，被称为“新能源”；连续、可再生的非化石能源为可再生能源，例如风能、水能、地热能和海洋能等。在对比两者的基础上，可以发现现行能源法律对能源的规定和《能源法》（征求意见稿）对能源的界定是一致的。

通过总结以上的法律条款，得出的结论是：能源是既可以以直接的方式也可经间接转换，以获取有价值的能量的资源为目的的资源，是一种可以给人类带来有用价值的物质资源。具体而言，首先，能源是可以通过直接或间接转换而取得某种形式有用能的资源。其次，能源能够提供某种形式的能量。最后，能源呈现出多种表现形式，基于一定条件，这些形式可以相互交替变换。[1] 这三个方面分别对应能源的性质、内容和表现形式三个角度，全面总结了能源的基本特征，即多样性、可用性、用能性。更重要的是，这同时也符合我国相关能源立法的基本规定。

2. 能源的分类和属性

由于能源所具有的多样性特点，从表现形式来看，可以依据不同的理论将能源划分为以下类型。

第一，按照生成方式分类，能源可分为一次能源和二次能源。一次能源指的是天然能源，例如煤炭、石油、天然气，此外还有油页岩、太阳能、水能、风能、核能、潮汐能、波浪能、地热能、生物质能和海洋温差能等，是指从自然界中获取、不经过处理转化就可以被直接使用的能源。可再生能源和非可再生能源组成一次能源，水能、风能和生物质能等属于前者，而煤炭、石油和油页岩等则属于后者。日常生活中所熟知的煤气、煤油、汽油、焦炭、柴油、重油、氢能、电力、蒸汽等，这些都是二次能源，是指一次能源经过加工转换以后得到的能源产品。值得注意的是，一次能源的转换可能不止一次，但无论经过一次还是多次转换，所得到的另一种能源都被称为二次能源。此外，在生产过程中来自反应装置的废蒸汽、废热水和可燃废气，出于锅炉烟道的高温烟气，以及来自密闭反应器的有压流体等余压、余热也属于二次能源。虽然一次能源在加工转换为二次能源的过程中必定有一定程度的能量损耗，但二次能源往往比一次能源的利用更为有效、清洁和方便。所以，二次能源在人们日常生产和生活中的使用更加频繁，其中，电能是二次能源中用途最广的一种，无论对于国民经济的发展，还是对于人民生活水平的提高都起着不可替代的作用。

第二，依据是否为自然形成和是否有可再生性，能源也可分为两种，即可再生能源和不可再生能源。其中的可再生能源是指在自然界中获取、可不断再生并有规律地得到补充、不因其转化或人类的开发利用而减少和枯竭的非化石能源。简言之，就是可以得到不断补充或能在较短周期内再产生的能源，如风能、水能、太阳能和生物质能等。反之，经过漫长的地质年代形成

① 黄振中，赵秋雁，谭柏平．中国能源法学［M］．北京：法律出版社，2009：4-5.

的，一旦开采，在短时间内无法恢复或再生的能源被称为“不可再生能源”，也称“化石能源”或“矿产能源”，如煤炭、石油、天然气、核燃料等。地热能具有双重性，介于两者之间，既可以是非再生能源，也具有再生的性质。核能是未来能源系统的支柱之一。核能的开发利用使核燃料循环而具有增值的性质。1 吨金属铀裂变所生的能量相当于 270 万吨标准煤，而核聚变的能比核裂变的能可高出5～10倍。地球上已探明的核裂变燃料，所能提供的能量大大超过全球可用的煤炭、石油和天然气储量之和，而海水和花岗岩中丰富的铀资源以及大量存在于海水中的优质燃料——重氢（氘），可谓是无穷无尽、源源不断。

第三，依据不同的使用类型，可将能源分为两类，即常规能源和新型能源。常规能源使用较为普遍，具有成熟的技术，是指在相当长的时间内和一定的科技条件下为人类所利用的主要能源，既包括一次能源中的可再生的水力资源，也包括不可再生的石油、天然气等。新能源是在新技术基础上系统开发利用的资源，不仅包含风能、氢能、地热能，也包含太阳能、海洋能、生物质能，还有用于核能发电的核燃料等。相对于常规能源，新能源普遍具有污染少、储量大的特点，是世界新技术革命的重要内容，也是未来各国持久能源系统的基础和主要能源之一。综上所述，优良的特性是新能源的重要特征，新能源不仅有利于解决当今世界面临的资源稀缺问题，还有益于解决当今社会和自然的环境污染问题。

除此之外，还可以按能源性质、来源、形态特征等进行分类，这里就不再逐一列举。具体来说，能源有以下六种基本属性：

第一，资源属性。能源具有有用性、稀缺性和不平衡性，即典型的资源性。能源的有用性不言而喻。特定时空里能源的相对有限性总是和人类欲望的无限性相矛盾的，因此，能源相对于人类的需求而言总是稀缺的。西方经济学认为，这种能源的稀缺性会导致竞争，但其中良性的竞争能使有限的资源得到最优配置，从而相对弱化甚至消除资源稀缺所带来的对社会发展的限制。能源具有结构和分布上的不平衡性，在对能源的需求上应分出轻重缓急，坚持可持续发展，保证当代人和后代人对能源的需求。

第二，商品属性。使用价值和价值是商品的两个基本属性。首先，人类的生产生活离不开能源，能源具有显著的使用价值。其次，大部分能源在凝聚人类劳动之后，即通过能源的开发、利用、加工和转化，形成了所谓的“能源商品”，进而形成了买卖能源的所谓“能源市场”，人们的需求就是生产的动力，而生产的扩大化也刺激了市场的产生与不断发展。能源市场化十分重要，它可以通过市场参与各方竞争的方式来促进能源提供方的优胜劣汰与生产要素的合理配置。因此，欧盟进一步开放成员国的电力和天然气市场，引入竞争。其能源政策的第一个目标是创建欧盟单一的内部能源市场。所以，应尽早改革我国传统的能源市场垄断的格局，打破政府部门和国有大型能源企业对市场的操控，建立完备的市场机制，使民间资本、民营企业都参与到能源市场中。

第三，可替代和可转换的属性。从能源作用上看，各种能源均能提供一定的能量，这就为诸多能源之间的相互替代和互为转换提供了理论依据。而实际上，木炭、煤炭、石油、新能源的依次替代表明人类开发利用能源是一个渐进的过程。新能源、可再生能源以其清洁性和可再生性，将作为能源优先发展的重点领域，取代传统能源或不可再生能源。能源也可以相互转换，如电能可以由太阳能、地热能、风能、潮汐能转换而成。生产力的发展和先进的科学技术是能源替代和转换的动因和助力。

第四，管网垄断的属性。大部分能源需要用特定的管网进行运输并送达至终端消费者，如电力、石油、天然气等。世界上大部分国家采取特许经营的方式，对能源管网进行垄断控制。从事管网的建设和维护等需要政府的许可，而符合那些特殊条件的公司又是少之又少。这也是造成能源市场垄断的深层次原因，国家应对管网经营者加强监督管理，从能源的开发、利用到流通、运输和最终的消费逐步放开，营造公平、合理、有序的能源市场竞争环境。

第五，公共属性。能源的公共属性主要表现为受监管的能源公用事业部门必须为消费者提供普遍的公共服务。作为典型的公共物品，能源有保障民生和建设节能社会的双重任务与目标，所以，国家应完善能源资源产权，保持公共产品的基本性质不变；逐渐放开经营权，通过市场竞争为公众提供质优价廉的能源产品。公共产品经营领域的垄断企业同样是公共产品定价机制的束缚。在目前行业部分垄断的情况下，由政府平衡各方利益进行定价是唯一可行的选择。

第六，政治属性。随着全球经济增长对能源需求量的不断上涨和能源本身数量的有限性，世界各国对能源的依赖和争夺日趋激烈，能源已经成为一个涉及政治和外交的问题，越来越受到世界各国的关注。自1973年石油危机发生以来，西方世界对石油的争夺使能源安全形势更加严峻，亦成为一国政治安全、经济安全、主权安全的重要因素，备受世界各国关注。综观世界发展历史会发现，国与国之间矛盾的缘起，无不与石油、金钱、权力、战争息息相关。伴随着世界格局的变动，从某种意义上说，能源尤其是石油正成为一种特定的政治商品。近代以来，西方世界对全球能源尤其是石油的争夺已远远超过其他资源。正如有些战略家所指出的那样，谁占有了石油，谁也就拥有了世界。由此可见，能源与国际政治密切相关，实际上是一种“战略政治商品”。

3. 能源的开发利用史

从历史发展来看，人类社会的发展史就是一部能源开发利用史。[①] 人类对能源的利用先后经历了木炭、煤炭、石油三个历史时期。人类社会的每一次重要转折都是以科技革新为契机，能源的发展实现了经济的腾飞。不可否认，不断扩大的能源开发利用对环境资源造成了日益严重的破坏和影响。[②]

* 木炭时代

火的使用特别是摩擦生火的发现，是人类技术史上的一项伟大发明，给远古人类社会的生产带来重大影响。恩格斯指出：“摩擦生火第一次使人支配了一种自然力，从而最终把人同动物界分开。”[③] 火的发现改变了人类的生活习惯，使其摆脱了茹毛饮血的境况，扩大了人类赖以生存的食物范围，对人的大脑和体质产生了重大影响。尤其是在掌握人工取火方法后，人们用火来烧烤食物、驱寒取暖、围猎和防御野兽，还用来烧制铁器、冶炼容器、获取木料以制作工具和武器……在古希腊神话中，普罗米修斯为了人类的解放和幸福，背着天神宙斯把火从天上偷来带到人间的故事，为世代所传颂。可以说，火的发现和利用对于人类社会的发展产生了

---

① 肖乾刚，肖国兴. 能源法［M］. 北京：法律出版社，1996：5.
② 肖乾刚，肖国兴. 能源法［M］. 北京：法律出版社，1996：25.
③ ［德］恩格斯. 反杜林论［M］. 北京：人民出版社，2018：121.

深远的影响。正如恩格斯所说："就世界性的解放作用而言，摩擦生火还是超过了蒸汽机。"[①] 然而，随着人类繁衍和工业发展，对木材的需求不断扩大，森林资源开始遭受不同程度的破坏。

⋆煤炭时代

人类对煤炭的开采始于13世纪，到18世纪中叶达到顶峰。人类以煤炭为燃料，为蒸汽机提供动力，推动了世界工业革命的发展。蒸汽机的改良引起了18世纪的工业革命，直到20世纪初，它仍然是世界上最主要的原动机。与能源密切相关的冶金、机械、交通运输、化学工业迅速发展，直至20世纪40年代末，煤炭在世界能源消费结构中都占据首要地位。

煤炭是千百万年来植物的枝叶和根茎在地面上堆积而成的一层极厚的黑色腐殖质，由于地壳的变动而不断被埋入地下，长期与空气隔绝，并在高温高压下经过一系列复杂的物理化学变化等，形成的黑色可燃沉积岩。在整个地质年代中，全球范围内有三个大的成煤期：（1）古生代的石炭纪和二叠纪。成煤植物主要是孢子植物，主要煤种为烟煤和无烟煤。（2）中生代的侏罗纪和白垩纪。成煤植物主要是裸子植物，主要煤种为褐煤和烟煤。（3）新生代的第三纪。成煤植物主要是被子植物，主要煤种为褐煤，其次为泥炭，也有部分年轻烟煤。

⋆石油时代

第二次世界大战以后，随着对能量更高的石油资源的开采，石油产品成本大幅降低，随之为发达国家带来的影响是迅猛增长的消费量。20世纪60年代以来，煤炭的产量和消费量逐渐低于石油，从此进入了世界能源发展的一个新时代——石油时代，为人类社会带来了空前的物质文明。[②] 石油成为所有工业化国家的"经济生命线"，石油、天然气的供给操纵着国家经济的方方面面，经济社会发展对能源的依赖程度越来越高。世界至今经历了数次石油危机，油气价格仍不断高涨，油气消费总量居高不下。虽然新能源的利用逐渐受到各国重视并进行投入开发，但石油在能源结构中

---

① ［德］恩格斯．反杜林论［M］．北京：人民出版社，2018：121.

② 张勇．能源基本法研究［M］．北京：法律出版社，2011：7.

的主导地位仍未发生改变。同时，人们也面临着石油、煤炭等化石燃料终将耗尽、环境污染日益加重的严峻事实。

在此背景下，伴随着可持续发展理念日益深入人心，能源的可持续发展也被提上了日程。为了有效解决传统发展模式给人类带来的各种困境和危机，缓解能源开发利用引起的环境问题以及能源安全、短缺等一系列问题，确保能源的开发利用与经济社会健康、稳定和可持续发展，各国政府都普遍重视能源问题，不断调整能源政策和战略。2002 年 8 月，可持续发展世界首脑会议在南非约翰内斯堡召开，会议通过的《约翰内斯堡可持续发展宣言》以及实施计划，再次为世界各国的能源可持续开发利用和法治建设指明了方向。

随着环境污染和资源匮乏情况的加剧，世界各国普遍接受可持续发展战略，新能源科技也在不断发展创新。各国对能源资源的需求结构也发生了新的变化，逐步从单一性向多元化发展。基于对石油、煤炭等化石能源逐渐耗尽的担忧，越来越多的国家开始研究如何以可再生能源和新能源逐步代替以石油为主的矿产能源，发展低碳经济，从而实现能源可持续发展，这已经成为世界未来能源发展的必然趋势。

4. 新能源时代

新能源是一个宽泛的概念，通常来说，是指运用新技术开发和利用的可再生能源。它不仅包括风能、核能、地热能等诸多可再生能源、清洁能源以及海洋表面与深层之间的热循环等，也包括从化石能源中提取氢、甲醇等，进而通过新技术对常规化石能源的再加工和再利用。此外，智能电网、分布式能源等的能源资源的高效、综合利用和节能等形式，也成为新能源体系中的重要组成部分。与传统能源相比，新能源在变化的历史条件和技术水平下具有不同的内容。由于有限的传统能源和日益严重的环境问题，世界各国越来越重视具有环保和可再生特性的新能源。

进入 21 世纪以来，随着世界经济的持续发展、世界人口的不断增长和社会知识化、科技信息化和经济全球化的不断推进，人类社会面临着可持续发展综合国力的竞争，对当代资源和生态环境提出了严峻的挑战。例如，美国在推出“绿”与“新”的能源新政的同时，众议院通过了《2009

年美国清洁能源与安全法》(*American Clean Energy and Security Act* 2009);澳大利亚推出了《2010 年可再生能源(电力)法》[*Renewable Energy* (*Electricity*) *Act* 2000];欧洲议会也在 2009 年通过了《欧盟第三次能源改革方案》(包括三个条例和两个指令);英国相继出台了《低碳转型计划》(*The UK Low Carbon Transtion Plan*: *National Strategy for Climate and Energy*)、《2009 年英国可再生能源战略》(*UK Renewable Energy Strategy* 2009)、《2010 年英国能源法》(*UK Energy Act* 2010)等,引起世界各国的广泛关注。

根据 2012 年中美清洁能源论坛公布:2011 年,中国成为世界第一大能源消费国。这意味着在国际社会中,中国的碳排放的压力增大。减少碳排放,优先使用清洁绿色能源,加快新能源的转化应用;重视再生资源的使用和资源的循环利用,倡导推广垃圾分类,是缓解我国传统能源短缺和温室气体减排的举措,也是中国能源可持续绿色发展的必由之路。

第1章　能源善治的意义解构

治理理论产生于20世纪30年代的西方发达国家，意指通过公共权力的配置和运作来管理和调控社会公共事务。20世纪90年代以来，治理理论广泛流行于政治学和管理学领域，西方国家在政府改革中逐渐关注并重视新治理理念的运用以推动服务政府的建设和发展。善治是治理的更高层级的形式，是基于治理理念而衍生出来的理想目标，是世界各国政府改革的核心理念和追逐的构造方向。究其实质而言，善治意味着要在不同的监督管理模式、制度规范体系和利益博弈关系中通过权力的配置来引导、控制和规范公众行为及其协同参与，回应社会需求以促进各个环节的协调有序，以最大限度地增加公共利益。随着能源需求的快速增长和世界能源形势的发展变化，能源越来越成为关乎经济发展、国家安全和社会稳定的重大问题，更是关涉国家利益和对外战略等多层面的国家战略问题。长期以来，我国传统能源监管模式在保障国家能源安全、推动能源产业发展方面发挥了重要的作用。随着国家建设生态文明战略及政府改革的不断推进，当前的能源监管体制与监管模式问题日益凸显，从能源管制向能源治理的转变、能源治理向能源善治的变革应当成为我国能源安全战略的重要组成部分。

1.1　善治理论的兴起与发展

治理是一种与传统威权统治有本质不同的政治管理过程，在R. A. W.罗茨看来，它至少有六种用法与含义：作为最小国家的治理；作为公司的治理；作为新公共管理的治理；作为“善治”；作为社会—控制系统的治理；作为自组织网络。[①] 善治实质上是在治理理论基础上形成的一种新的、

---

① ［英］R. A. W. 罗茨. 新的治理［J］. 木易，编译. 马克思主义与现实，1999（5）.

更高层级的、力图使治理更加有效和效益最大化的方式，是使公共利益最大化的社会管理过程。

1.1.1 善治理论的衍生

善治理论自20世纪90年代以来逐渐成为占据国际社会主流话语的公共治理模式，其根源在于两个方面：一是西方发达国家完全依赖市场主导配置资源的失灵，二是传统国家威权管制与统治模式的式微。这一新的理论思维模式不仅对传统政府威权管理模式提出了挑战，还开始逐渐改变社会公众的思维方式，从公民社会的权利意识和主体意识角度促动政府改变传统的垄断一切公共事务的行为模式，以期建立新的合作式治理模式。总体而言，政府管制的危机、公民社会的发育以及治理理论的发展为善治理论的衍生奠定了基础。

1. 政府管制危机的倒逼

在人类历史的发展进程中，政府管理逐渐从传统的家长制组织形式转变为科层制，政府角色也由消极的“守夜人”逐步转变为积极的“管理者”。就管理的具体特性而言，政府往往都具有明显的统治性、威权性特征，这也使得政府在经济社会不断发展的进程中呈现出不相适应性，进而出现了政府管制危机。政府威权式管制模式在某个历史时期确实促进了经济社会的发展，但是，随着近代社会的持续进步，其管制弊端与危机也愈益明显，并凸显为市场失灵和政府失灵两个方面。综观政府管理的漫长历程，我们不难看出，无论是传统的阶级统治模式，还是近现代社会管理方式，政府治理模式基本上都呈现出明显的管制特征。

首先，不可否认的是，在现代经济社会发展的进程中，市场扮演了非常重要的角色，直到今天仍是促进经济社会持续发展的主导因素。但是，我们也应该看到，市场具有其自身的局限性和特殊性，毫无干预地任由市场的发展同样不利于经济社会的发展进步。市场具有自发性、盲目性和滞后性等基本特征，这些特征导致了市场主体在最大限度地追逐自身最大利益的同时扩大了不正当经济行为的发生，凸显盲目经济决策的致命缺陷，还会导致经济波动和资源的浪费等。在自由资本主义时期，人们对市场的盲目信奉并将其神圣化、万能化，使得市场成为整个经济社会发展的主导因素。当市场自身的缺陷逐渐显现时，资源就难以实现有序合理配置和利用，此时必然会导致市场失灵。

对于市场失灵的矫正，很多学者仍然主张依靠市场机制自身来对其加以纠偏，如果仍然无法解决才由政府进行干预。美国经济学家米德认为，当存在不可分性和垄断、外部性和公共物品、贫富差距及各种严重的冲突，比如经济恶性循环等问题时，政府才能干预市场。[①] 美国经济学家布坎南虽然承认市场失灵为政府干预提供了理由，但仍然认为"市场的缺陷并不是把问题转交给政府去处理的充分条件"[②]，"如果人们想要在这种根本失灵面前来实现有效率的资源配置，人们就必须探究非市场的选择办法"[③]。因此，当市场失灵日益严重时，理应由政府进行干预和引导，但传统威权式和管制型方式则放大了政府的权力，矫枉过正的直接后果是凸显了政府管制的危机。

其次，政府作为管理国家和社会的工具，具有其自身的局限性和特定的利益需求，正是这一独特的性质导致政府在对经济、社会生活进行干预，作出政府决策和政府行为的时候往往无法达到社会资源的优化配置。始于1929年的资本主义世界经济危机，使得人们不再迷信市场调节，转而寄望于政府的管理和干预。但政府管理同样存在问题，也会出现失灵的现象。政府在决策时总会自觉或不自觉地考虑个人偏好或者其所代表的阶层或集团的偏好和利益，因为他们也具有自利性，也具有追逐利益最大化为依归的趋向，这与理性经济人类似。[④] 萨缪尔森认为，当政府政策或集体行动所采取的手段不能改善经济效率或道德上可接受的收入分配时，政府失灵便产生了。[⑤] 政府失灵往往表现为如下几个主要特性：其一，政府

---

① ［英］詹姆斯·爱德华·米德. 效率、公平与产权［M］. 施仁，译. 北京：北京经济学院出版社，1992：290-291.

② ［美］詹姆斯·布坎南. 自由、市场和国家［M］. 吴良健，桑伍，曾获，译. 北京：北京经济学院出版社，1988：280.

③ ［美］詹姆斯·布坎南. 自由、市场和国家［M］. 吴良健，桑伍，曾获，译. 北京：北京经济学院出版社，1988：21-22.

④ ［美］丹尼斯·C. 缪勒. 公共选择理论［M］. 杨春学，等译. 北京：中国社会科学出版社，1999：234.［美］查尔斯·沃尔夫. 市场或政府［M］. 谢旭，译. 北京：中国发展出版社，1994：15.

⑤ ［美］保罗·A. 萨缪尔森. 经济学［M］. 高鸿业，译. 北京：中国发展出版社，1992：1189.

决策和行为的效率低下，不仅无法应对市场失灵，还会带来新的问题[①]；其二，政府官僚作风盛行，公共权力的扩张导致资源配置效率低下；其三，政府权力寻租过度抑制市场的发展，造成市场资源的浪费，即使是人民选出的公职人员也有可能为了个人或局部利益而滥用权力，导致政府失灵问题如公共权力机构违背公众共同的根本利益[②]；其四，当然还包括公共物品供给的效率低下等。换句话说，正是政府的特殊利益需求导致了特定政策、特定政府行为无法以公共利益为主，致使政府失灵的凸显。当然，政府对公权力的掌控在某种程度上也扩张了其权力寻租的空间，增加了单极结构、时滞效应的可能性，使政府失灵愈演愈烈。因此，在现代市场经济、政治、社会发展的进程中，从某种程度上说需要国家的适度干预，但以威权式、管制型或统治型为代表的政府管理模式已经逐渐不能适应现代市场的发展，给经济社会发展带来了危机，这一危机也倒逼了政府治理理论的变革和善治的推进。

2. 公民社会发育的推动

“公民社会”（civil society）的兴起及其与国家的分离乃是近代历史的产物，它使国家获得了和公民社会并列的且在公民社会之外的独立存在。随着 11 世纪以来城市的兴起，市民开始有组织地生活，并开始提出自由、权利等要求，形成了早期的公民社会，使得权利观念向前迈进了一大步。中世纪的欧洲，文化落后，思想禁锢，是历史上所谓的“黑暗时代”。这个时期的欧洲政治和宗教相对独立，以能够实现在经济上的自给自足的封建庄园为特色，形成了大致与生产力发展水平相适应的“庄园经济”。这种封建庄园制虽然大致与生产力发展水平相适应，但却不利于生产力的快速发展。由于商品货币关系的急剧发展和渗入农村，这种庄园经济在中世纪晚期逐渐衰退，欧洲经济在 12～13 世纪得以缓慢复苏。封建领主们发现，“城市”比“庄园”更能获取利益，因此他们开始以不同的方式参与中世纪城市复兴活动。许多封建领主在他们的地产上建造城市，并把它们当作自己的庄园来对待。在城市中从事各类生产生活的人就像在庄园中劳作的人一样，经常受到封建领主的压迫，他们为维护自己的利益，便以行

---

① 孙荣，许洁．政府经济学［M］．上海：复旦大学出版社，2001：131．

② 唐铁汉．马克思主义公共管理思想原论［J］．新视野，2005（5）．

业为单位组成了各种行会。随着城市财富和人口的增长，城市与统治阶级结盟，促使王权加强。与此同时，市民阶级作为被统治者，期望国家权力给他们提供更多的保护，以期摆脱其领主的盘剥，他们也积极参与政治并推动了社会变革。其中，有些国家君主主动顺应市民意愿，主动与城市市民站在一起。中世纪中期西欧工商业的发展促使了城市和市民阶层的兴起，在经济上动摇了赖以存在的封建庄园制度；在社会方面，削弱了封建主义的人身依附关系，摆脱了封建束缚；在政治方面，意识形态的价值趋向与国家公共权威保持着利益上的一致性，形成了近代市民社会的雏形。由此可见，经济的缓慢复苏和城市的发展对西欧的历史进程产生了深远的影响。

到了 14 世纪，“civils societas”这个词开始被欧洲人频繁使用，它已经不仅仅局限在单个国家，而且指业已发达到出现城市文明政治共同体的生活状况。[①] 在现代国家形成过程中，市民个人拥有了一定的相对于国家的主动性，市民社会逐步参与塑造国家，形成了“公民”的现代概念。[②] 公民社会逐渐发育成熟，往往被用来反映社会个体追求权力、自由生活方式的社会状态。洛克认为，公民社会是人类发展的“有政治”的阶段，是人们在自然状态下通过订立契约而形成的政治社会。[③]

公民社会使得个性自由、私人利益及个人权利获得了巨大解放、充分肯定和大力弘扬，国家也基于契约而在一定程度上恢复其公共权力的本来面目[④]，作为“守夜人”，它“应该向社会解释自己的行为，而且对它的效应负责”[⑤]。随着这一逻辑的推进，发展公民社会不仅有利于推动政治民主化，而且有益于增加公民社会的自主性，要求国家权力回归社会。基于这个理由，公民社会的发育成熟一定会推动国家和政府向社会分权，改变政府威权式治理的局面，而逐渐向多元中心治理、国家和社会共同治理过

① ［英］戴维·米勒，韦农·波格丹诺．布莱克维尔政治学百科全书［M］．邓正来，译．北京：中国政法大学出版社，2002：132.

② 张康之，张乾友．对“市民社会”和“公民国家”的历史考察［J］．中国社会科学，2008（3）.

③ ［英］约翰·洛克．政府论（下）［M］．瞿菊农，叶启芳，译．北京：商务印书馆，1964：48-58.

④ 马长山．市民社会与政治国家：法治的基础和界限［J］．法学研究，2001（3）.

⑤ ［日］猪口孝．国家与社会［M］．高增杰，译．北京：经济日报出版社，1989：21.

渡，走向善治。

3. 治理理论发展的引导

基于市场失灵和政府失灵双重压力的政府管制危机，倒逼政府必须从内部因素上主动去应对威权式与管制型治理的困局，而公民社会的发育则为政府治理模式的变革提供了一个外力支撑，社会权力的扩张使得政府应当审时度势地转变治理思维，而治理理论恰诞生于此。现代意义上的“治理”（governance）一词源于古希腊语和拉丁文，原意是“引导”“控制”“操纵”或者“在特定范围内行使权威”等。从传统意义上说，“治理”和“统治”都是国家公共事务管理相关管制活动与政治活动的代名词。1989年，世界银行首次使用了“治理危机”的词汇。在其题为《南撒哈拉非洲：从危机走向可持续增长》的报告中，认为非洲需要良好的治理，并将“治理”作为分析和解释地区发展的核心概念框架。20世纪90年代以来，学者们不断赋予“治理”新的理念和含义，并不断扩张其内涵，使得“治理”逐渐与“统治”的内涵渐行渐远，开始与公民社会的需求接轨。“治理”已成为一个流行主流话语，它在管理学、政治学、行政学、社会学等领域与国家管理息息相关，实际上也恰恰反映了人们对于政府管制模式变革的关切。

前述已经指出，治理理论的兴起根植于政府管制危机和公民社会的发育。一方面，市场调节的自发性以及市场主体的经济人自利性，使得市场的局限被无限放大，也会导致更多的资源浪费甚至出现大规模的经济危机，无法达到资源配置的最优化。同时，政府仍然会受制于其利益集团的约束以及政府有限性的困局，在政府管制中凸显政府行为的失当和不足，引发公众的不满和政府的信用危机、合法性危机。另一方面，公民社会的发育壮大、第三部门的持续扩张，使得公众越来越倾向于政府治理的多元性和多中心性，治理理论的发展受到越来越多的关注。世界银行经济学家丹尼尔·考夫曼认为，治理是为了公共福利，通过正式的和非正式的传统与制度而行使权力，它包括设计和实施健全政策的能力，包括挑选、监控和取代政府的过程，还包括因为管理经济和社会的需要而对公民和国家的尊重。① 善治是治理的高级表现，治理理论越健全、越完善，就越能够为善治的发展提供更为扎实的基础，也更有益于引导善治的兴起和发展。

---

① 胡鞍钢. 中国：挑战腐败［M］. 杭州：浙江人民出版社，2001：285.

1.1.2 善治的关联概念厘定

善治作为20世纪90年代以来占据主流话语的公共治理模式，其实质是“更好的治理”。而对这一概念的认定，我们还应当厘清其与“统治”“治理”“法治”“善政”等关联概念的关系，以更好地界定何谓“善治”。

1. 治理与统治

从字面意义上看，“治理”（governance）与“统治”（government）似乎差别并不大，但其内涵却大不相同。在大多数学者看来，能否区别“治理”与“统治”的概念是正确认识治理的前提条件。正如让-彼埃尔·戈丹所说：“治理从头起便须区别于传统的政府统治概念。”[①] 作为治理理论主要的创始人之一，詹姆斯·N. 罗西瑙也认为，“现在政府的一些治理职能，正在由非源自政府的行为体所承担”，主张治理不同于统治，治理活动的主体未必是政府。[②] 实际上，治理与政府的统治一样需要权力的支撑和权威的保障，作为一种政治管理过程，它的终极目标也在于维持正常的社会秩序。从某种意义上说，治理与统治具有一定的传承变革性，治理理论正是在对传统统治理论反思和扬弃的过程中针对统治的弊病而修正和变革进而产生的。英国著名的经济学家R. A. W. 罗兹认为，治理意味着统治的含义有了变化，意味着统治的条件已经不同于前，或是以新的方法来统治社会，意味着一种新的统治过程。[③] 罗西瑙对两者的关系曾经作了丰富的阐释：“治理与政府统治并非同义词。尽管两者都涉及目的性行为、目标导向的活动和规则体系的含义，但是政府统治意味着由正式权力和警察力量支持的活动，以保证其适时制定的政策能够得到执行。治理则是由共同的目标所支持的，这个目标未必出自合法的一级正式规定的职责，而且它也不一定需要依靠强制力量克服挑战而使别人服从。换句话说，与统治相比，治理是一种内涵更为丰富的现象。它既包括政府机制，同时也包

---

① 让-彼埃尔·戈丹．现代的治理，昨天和今天：借重法国政府政策得以明确的几点认识［J］．陈思，译．国际社会科学杂志（中文版），1999（1）．

② ［美］詹姆斯·N. 罗西瑙．没有政府的治理［M］．张胜军，刘小林，等译．南昌：江西人民出版社，2001：4．

③ R. A. W. Rhodes. The New Governance：Governing without Government ［J］. Political Studies，1996（4）：652.

括非正式、非政府的机制，随着治理范围的扩大，各色人等和各类组织得以借助这些机制满足各自的需要，并实现各自的愿望。"[①] 所以，治理与传统意义上的统治就其内涵来说是有很大区别的。

首先，治理与统治的主体范围不同。治理相较于统治而言，其主体范围更加宽泛，除包括统治主体中的政府公共机构之外，还包括第三部门组织。治理与统治都需要权威，但后者的权威只能是政府，而前者的权威则不一定是政府，这是二者的本质区别。

其次，公共权力的掌控程度和运行向度不同。统治显然需要中央集权式的政府掌控，而治理则要求向社会分权，包括第三部门组织等都可能享有相应的权力。从运行向度而言，统治的运行是自上而下的，即对政府的权威高度崇尚，施行的是单一向度管制；而治理则是通过协商参与和民主合作等实现的，对公共事务的自上而下、自下而上兼而有之的上下互通式的管理过程。其运行向度决定了治理不需要像统治一样严重依赖政府的权威，而是依靠对于市场、公共利益的认同展开多元的、多中心的合作与治理。

最后，统治强调以政权为中心的政策和制度调控，而治理更多地依靠公众参与和程序法定，通过过程实现公共利益。当然，统治与治理方式的不同，也会使得其效率出现差异。统治的集权式管制模式通常关注的是行政效果，而忽视管理成果；治理则关注过程，更加关心竞争、市场、消费者以及管理结果，从"更小的政府"转变为"更多的治理"[②]，则必然会从过程起就重视效率的提升。

2. 治理与善治

所谓"治理"，就是指为了最大限度地增进公共利益，在一个既定的范围内运用权威维持秩序、满足公众需要的过程。从政治学的角度看，治理是指在一个限定的领域内运用政治权威和行政权力处理政治事务、管理公共资源的政治管理过程。[③] 著名英国学者格里·斯托克（Gerry Stoker）总结出迄今为止治理理论的五种主要观点：其一，治理的主体是出自政府

---

① ［美］詹姆斯·N. 罗西瑙. 没有政府的治理［M］. 张胜军，刘小林，等译. 南昌：江西人民出版社，2001：5.

② 俞可平. 治理与善治［M］. 北京：社会科学文献出版社，2000：90.

③ 丁宇. 走向善治的中国政府管理创新研究［D］. 武汉：武汉大学，2011.

但又不限于政府的一套社会公共机构和行为者；其二，治理意味着在为社会和经济问题寻求解答的过程中存在着界限和责任方面的模糊之处；其三，在治理过程中，涉及集体行为的各个社会公共机构之间存在着权力依赖；其四，治理是指行为者网络的自主自治；其五，置身于治理环境中的政府有能力和责任发挥应有作用，政府可以动用新的工具和技术来控制和指引，但办好事情的能力并不在于政府的权力，不在于政府下命令或运用其权威。[①] 全球治理委员会认为，治理有以下四个基本特征：治理不是一整套规则，也不是一种活动，而是一个过程；治理过程的基础不是控制，而是协调；治理既涉及公共部门，也包括私人部门；治理不是一种正式的制度，而是持续的互动。[②] 在前面论述中，我们已经明确了基于政府管制危机和公民社会的发育，使得治理理论茁壮发展。但是也应看到，治理虽然能够弥补政府管制和市场调节的一些不足，但治理仍然存在着其自身的局限性，有效的治理仍然应建立在国家和市场的基础上。而在这一治理的过程中，在某种程度上仍然存在治理失效的风险，那么如何更好地减少治理的失效，如何更好地实现治理的效能？这就需要良好的治理，这个良好的治理就应当指向我们所说的“善治”。

3. 善治与善政

善政意指好的政府管理或统治，是一种理想的政府管理模式。善政的内容无论在中国还是在国外、在古代还是在现代都基本类似，一般都包括以下几个要素：严明的法度、清廉的官员、良好的行政服务、较高的行政效率。只要政府存在一天，这样的善政将始终是公民对于政府的期望和理想。[③] 我国从古代一直推崇善政思想，也一直在探索如何实现更好的政府和更好的统治路径。20 世纪 90 年代以来，人们逐渐关注善治的发展，善治与善政的关系问题也成为概念区分的焦点。事实上，善治与善政是相关联的。一方面，善政应当作为善治的逻辑起点。人们期待统治者的公正廉洁、良好统治，实际上需要善治的过程支撑。在国家经济社会的发展过程中，政府应当发挥重要的作用，善政应是善治的应有之义。另一方面，善

---

① 俞可平．治理与善治［M］．北京：社会科学文献出版社，2000：35-47.

② 俞可平．治理和善治引论［J］．马克思主义与现实，1999（5）.

③ The Commission on Global Governance. Our Global Neighborhood：The Report of the Commission on Global Governance［M］. Oxford University Press，1995：23.

治应当是善政的发展方向与现代诉求。善治的公共利益最大化的管理过程，要克服政府管制的局限，实现善政，必然要依赖于善治，通过多元的协作机制帮助国家完成社会事务管理。当然，善治与善政也有不同之处，善政实际上仍然是以政府为主导的、自上而下的管理方式；而善治则是上下互通、多元中心治理的模式。

4. 善治与法治

当今社会，法治已经从理想转化为公共生活方式的一种，法律目标的实现更多地依赖于公众的自愿服从，它是通过法律之治来维护公共理性、捍卫公民自由的治理方式。英国著名经济学家哈耶克认为："最能清楚地将一个自由国家的状态和一个在专制政府统治下的国家的状况区分开的，莫过于前者遵循着被称为法治的这一伟大原则。撇开所有技术细节不论，法治的意思就是指政府在一切行动中都受到事前规定并宣布的规则的约束——这种规则使得一个人有可能十分肯定地预见到当局在某一情况中会怎样使用它的强制权力，和根据对此的了解计划它自己的个人事务。"[①] 法治是善治的前提，健全的法治、对法律的充分尊重以及建立在法律之上的社会秩序是善治的必要条件，否则，就不可能存在善治。[②] 政府只有在具体行动中切实维护和体现法律的公平正义，才能树立权威，人民群众才能信仰法律，信任政府，才能实现高效管理，社会管理才能创新，才能够实现以法治推动善治。

1.1.3 善治理论的内涵界定

善治理论是治理理论的衍生，作为一种"有效的"和"良好的"治理模式，善治就是为了克服治理失灵困境而提出的，是治理所要达到的最佳状态，它源于治理理论又高于治理理论。1996 年，经济合作与发展组织（OECD）发布《促进参与式发展和善治的项目评估》报告，标志着实践中善治理论的研究正式开始；美国、英国等资本主义国家率先将这一理论付诸实践，发动了一系列改革运动，如政府再造等。自由主义市场经济体制

---

① ［英］弗里德利希·哈耶克．通往奴役之路［M］．王明毅，冯兴元，马雪芹，等译．北京：中国社会科学出版社，1997：73.

② 俞可平．治理和善治引论［J］．马克思主义与现实，1999（5）.

和市场的自由化是善治运行的基本要求，其真正发挥效用还需要政府层面的社会政治结构和社会政治状态的变革，并与政治合法性、社会秩序和行政效率等相配套配合。

善治理论与实践的蓬勃发展是有其深刻原因的：首先，善治的范围较广，现代社会中许多领域，从单位、社区、地区到国家、国际社会等都需要善治。其次，全球化的发展使得跨国组织的影响日益扩大，传统意义的国家政府权力相对受到制约，善治的作用则日益拓展，国际社会的新的公共权威和公共秩序需要通过善治来实现。最后，善治是民主化进程的必然结果。作为我们这个时代的政治特征，民主化的基本意义之一是政治权力日益从政治国家回归到公民社会。在民主化的进程中，政府权力逐渐被限制，国家职能逐渐被缩减，社会公共权威日益建立在政府与公民相互合作的基础之上，即所谓的“善治”。

美国经济学家莱福特维奇把善治定义为“一种有效率的公共服务、一种独立的司法体制以及履行合同的法律框架；对公共资金进行负责的管理；一个独立的、向代议制的立法机构负责的公共审计机关；所有层次的政府都要遵守法律、尊重人权；多元化的制度结构以及出版自由”①。我国学者俞可平教授认为：所谓“善治”（good governance），就是使公共利益最大化的社会管理过程，其本质特征在于它是政府与公民对公共生活的合作管理，是政治国家与公民社会的一种新颖关系，是两者结合的最佳状态。② 像市场与计划、公共部门与私人部门、政治国家与公民社会、民族国家与国际社会这样的两分式传统思维，在社会科学中长期存在。而善治理念把有效的管理看作是两者的合作过程，打破了这种传统思维模式。善治理念力图发展一套管理公共事务的全新技术；强调管理就是合作；认为政府不是合法权力源泉，公民社会也同样是合法权力的来源；把治理看作是当代民主的一种新的实现形式等。③ 就善治的构成要素而言，一般认为善治由四个要素构成：一是法律得到普遍遵守和尊重，在司法的保障和法治社会的健全过程中，公民的安全能最大限度地得到保障；二是作为公共

---

① Adrian Leftwich. Governance, Democracy and Development in the Third World [J]. Third World Quarterly, 1993 (3).

② 俞可平. 治理与善治 [M]. 北京：社会科学文献出版社，2000：8-9.

③ 俞可平. 治理和善治引论 [J]. 马克思主义与现实，1999 (5).

管理机构的政府及其部门能够公开公正地进行公共管理活动，管理公共开支，进行有效的行政管理；三是政府的各级领导和负责人能够以其行为向社会公众负责，回应社会需要，实行严格的责任制和职责制约；四是政府信息的沟通共享，除涉密信息外，政府公共机构应当秉持政治透明性，实现行政信息公开，便于社会公众特别是利益相关者对信息的及时掌握，依法维护其合法权益，通过互相协作促进治理从善。

我国学者俞可平把善治的基本要素归纳为以下七个方面：责任性（accountability）、合法性（legitimacy）、透明性（trans-parency）、法治（rule of law）、回应（responsiveness）、稳定（stability）、有效（effective-ness）。[①] 简言之，“善治”是政府与社会在为实现公共利益最大化的管理过程中的一种新颖关系，其本质特征是政府与公民对公共事务的合作管理。从统治（government）走向治理（governance），从善政（good government）走向善治（good governance），是实现政府职能转变、实现善治的必然趋势。总体而言，善治的基本构成要素包括以下六个方面的特性：

1. 合法性

合法性是一种性质和状态，即自觉认可和服从与治理关联的社会权威和秩序。事实上，它是对于这一问题从法律的角度看是否合法，是否具有其合法必然性，而并不是法律规范的直接体现。政治学中所说的“合法性”，是指需要一定程度、范围的群体所确认的权威和秩序规范。要在治理的过程中扩张合法性，合法性越大，善治程度便越高，主要路径就在于尽可能地增加公民的协商共识、认同感等。因此，从善治的角度而言，管理机构和管理者要使其治理过程和治理效果最大限度地获取公民的认同，就应当在其治理过程中最大限度地协调公民之间以及公民与管理机构之间的利益关系。

2. 法治性

亚里士多德主张：“法治应该包含两重含义：已成立的法律获得普遍的服从，而大家所服从的法律又应该本身是制定良好的法律。”[②] 法治是善治的基本要求，没有健全的法治，没有对法律的充分尊重，没有建立在法

① 俞可平. 中国治理变迁30年［M］. 北京：社会科学文献出版社，2008：21-22，238-239.

② 蔡守秋. 善用环境法学实现善治：治理理论的主要概念及其含义［J］. 人民论坛，2011（5）.

律之上的社会秩序，就没有善治。[1] 这里的法治，是指根据法律而不是按照个别人的意志来治理国家，体现、实施和保障的是人与人的和谐和人与自然的和谐的有序的社会秩序。只有通过建立健全的法治，才能使公共权力的运作达到依法行政与依法自治的合作。

3. 民主性

"民主"一词源于希腊字"demos"，意为人民，指以特定阶级为范围条件，以平等和少数服从多数为原则，以此来共同对国家事务进行管理的国家制度。其首要职能是保护公民环境权等基本人权，保障法律面前人人平等原则，保护人们组织和充分参与能源管理的机会。良好的能源管理秩序是依靠多元主体参与社会治理的合力来实现的，因此民主性是关键，没有民主性，就没有能源管理善治。此外，民主性要求能源管理过程的公开和透明，而能源管理过程的公开和透明有利于扩大公共参与，促进公民社会发育，提高公共权力运作的透明度，实现政府能源管理的公正性。[2]

4. 效率性

效率性主要指能源管理的效率。在市场经济条件下，能源管理善治应促进资源由低效率利用向高效率利用转变，优化资源配置，发挥能源的最大效用；维持和增进良性的能源利用状态，弥补市场领域内能源配置的无效率，纠正政府能源管理的低效率。能源管理机构应保证机构设置合理，管理科学，以达到更高的善治程度，进而尽可能提高能源管理的效率，最终实现管理成本最大限度地降低。

5. 责任性

卢梭认为："政府的权力来自被统治者的认可。在社会契约中，每个人都放弃天然自由，而获取契约自由；在参与政治的过程中，只有每个人同等地放弃全部天然自由，转让给整个集体，人类才能得到平等的契约自由。"[3] 所以，政府具有天然的责任性，如果政府不能履行其肩负的责任，导致公信力下降，就是失职或者说丧失了责任性。因而，政府管理及其工作人员必须履行规定的职责，积极履行法定的责任和义务，才是负责任的

---

① ［古希腊］亚里士多德. 政治学［M］. 吴寿彭，译，北京：商务印书馆，1965：199.

② 丁宇. 论善治的基本诉求［J］. 江汉论坛，2009（10）.

③ ［法］卢梭. 社会契约论［M］. 何兆武，译，北京：商务印书馆，2003.

好政府。对政府的工作，公众有广泛的监督权，善治的程度越高，个人及机构的责任性越明确和透明。

6. 回应性

回应性的内涵与责任性是紧密相连的，甚至可以说回应性是责任性的延伸。回应性的应有之义是对公众的疑问、要求、质询，必须积极在法定期限内给予回应，回应不能敷衍了事，应回答问题，解疑释惑，尽全力满足公众的合理要求。回应性不仅是被动地履行，更应主动、定期向公众解释政策，公开信息，接受监督。从政府、公众、社会的互动看，回应性越高，善治的程度也就会随之越高。

1.2 能源善治的意涵阐释

能源善治究其实质而言是善治在能源管理领域的拓展和延伸，即对传统能源管理结构和管理方式进行变革和改善，以期更好地实现能源管理的效能。我们认为，能源善治有其特定的内涵，而对其意涵的审视，还应从能源观的变迁着手予以剖析和认识。

1.2.1 能源观的变迁与审视

能源作为一种自然物，最早的观念是衍生于自然观。我国古代的传统自然观以“敬天畏地”“万物有灵”“天人合一”等思想为代表和依托，殷周时期，以人格化至上的“天”为自然界的派生者和决定者。春秋战国时期，各种自然观以及宇宙发生观纷纷提出，《老子》以“道”为本原，提出“人法地，地法天，天法道，道法自然”，“道生一，一生二，二生三，三生万物”。《易·象传》以天地为本原，提出“天地感而万物化生”。《易·系辞传》以“太极”为本原，提出“太极生两仪，两仪生四象，四象生八卦”的宇宙进化图式。《管子·内业》以“精气”为本原，提出“凡物之精，比则为生。下生五谷，上为列星”。《淮南子·原道训》记载，“气者，生之元也”，即物的精气结合起来就生成万物。庄子认为，“天地与我并生，而万物与我为一”，以此得出了“生生者不生”的逻辑，即最终的派生者一定不是被派生出来的，而是具有永恒的性质，所以宇宙的根源是“道”。值得注意的是，老庄所主张的“天人合一”观点与孔孟思想的人伦道德本体论不同，前者实质上是贬抑人为，提倡不要以人灭天。在这个意义上，“天人合一”就是与“道”合一，“道”就是与“无为”合一，“无为”就是顺其自然。人能顺应“道”与“自然”的往往是“无为”，而“无为”则能成就“万事”。庄子在老子道学的基础上，更加注重人的精神境界。他在《庄子·齐物论》中所说的“天地与我并生，而万物与我为一”的精神境界，就是他所明确界定的一种“天人合一”境界，也就是与自然合为一体。其后，两汉时期，以董仲舒为代表的客观唯心主义以“天”作为世界本原，将“五行”体系化为木、火、土、金、水，认为五行相生、五行相胜，并提出天人感应，人副天数，以类合之，天人一也。而柳宗元、刘禹锡也提出了标志性的宇宙起源说，认为在天地没有形成之前，只有元气存在，万物的具体产生归根结底都统一于元气。宋明时期关于自然和万物的学说则包括从揭示“理”与“气”的关系来探讨宇宙起源和万物构成问题的程朱理学，以“心”为世界本原的陆王心学以及以“气”为本原的朴素唯物主义派别。而综观这些古代自然观，其主流的思想一以贯之的都是人与自然的调协观，“天人协调”的思想把“天”与“人”视为息息相通的和谐整体，这一总体性意涵对于今天我们正确处理人与能源环境的关系仍具有十分重要的指导意义。古代自然观的各种学说对于人与自然的和谐发展方式的探究，对于现代能源立法、能源管理方式、能源善治的最终确立都具有重要的启示意义。

西方古代的有机论自然观认为，人始终是自然界的一部分，人的目的不是通过行为去控制自然，而是作为自然的一员去深入领悟自然的奥秘，创造生机。但从15～16世纪的科学革命和宗教改革运动开始，到以牛顿力学为标志的近代科学体系的确立，神学世界观崩溃，古老的有机自然论观被机械自然观取代。[①] 发展到近现代，西方的自然观基本秉持着人类主导自然的基本精神。“控制自然”观念与新兴的以追求财富和享受为目的的资本主义精神一起构成工业文明时代的意识形态。[②]“获利的欲望，对盈利、金钱的追求，这本身与资本主义并不相干……可以说，尘世中一切国

---

① [美] 卡洛琳·麦茜特. 自然之死：妇女、生态和科学革命 [M]. 吴国盛，吴小英，曹南燕，等译. 长春：吉林人民出版社，1999：236.

② 陈剑澜，邓文碧，叶文虎. 西方传统自然观的演变与影响 [J]. 中国人口·资源与环境，2000 (4).

家、一切时代的所有的人，不管其实现这种欲望的客观可能性如何，全都具有这种欲望……倒不如说，资本主义更多的是对这种非理性欲望的一种抑制或至少是一种理性的缓解。不过，资本主义确实等同于靠持续的、理性的、资本主义方式的企业活动来追求利润，而且是不断再生的利润。因为资本必须如此：在一个完全资本主义式的社会秩序中，任何一个资本主义企业若不利用各种机会去获取利润，那就注定要失败。”① 也正是在控制自然观念的主导下，消费主义于20世纪兴起并蔓延开来。“消费主义是一种服从于资本增值目的，张扬无尽享受、挥霍纵欲、奢侈浪费的生活方式和消费理念。在这种生活方式中，购物和消费是生活的主要内容，并与美好生活和人生意义直接联系起来。”② 消费主义的伦理观念成为“推动产业革命的思想基础”和“工业社会的价值观念”。③ 这一观念的后果直接表现为两个：一是人们消耗物质的愿望被给予价值优先地位；二是消耗者和破坏者受到尊崇。

工业社会的经济发展模式是以能源消耗为基础的。传统能源观认为，经济增长与能源消耗之间存在正比例关系。也就是说，能源消费的增长的长期性是保证经济期许增长的基础；反之，如果能源供给消退或者停滞，则必然导致能源消费的削弱，最终导致经济的停滞甚至衰退。生活品质和社会福利也取决于国内生产总值（GDP），这必然要求能源消费的不断增长。④ 正是以这种经济发展模式为基础，能源资源的开发、利用和争夺成为各国资源竞争的首要任务。在这种经济发展模式影响下，各国都相继卷入了一场能源竞争之中，开发、利用和争夺能源资源成为政府的首要任务，其直接后果是能源耗竭越来越威胁着人类社会的持续发展。历史发展也昭示了传统自然观主导下的工业文明虽然带来了巨大的物质财富，但也越来越将人类推向空前的能源危机。同时，西方消费主义与享乐主义也不得不面临生态恶化与资源、能源稀缺的现实，消费社会“对于损害环境有

---

① ［德］马克斯·韦伯．新教伦理与资本主义精神［M］．北京：生活·读书·新知三联书店，1987：7-8.

② 赵玲．消费的人本意蕴及其价值回归［J］．哲学研究，2006（9）.

③ ［日］堺屋太一．知识价值革命［M］．黄晓勇，韩铁英，刘大洪，译．北京：生活·读书·新知三联书店，1999：48-98.

④ 朱斌．中国能源的现在与未来［M］．重庆：重庆出版社，1987：239-253.

重大影响，却没有给人民带来一种满意的生活”[①]。可以说，人类社会在尽情地享受自然的馈赠，可又在其发展历程中以主宰自然者自居，最终又在能源危机的情势下陷入绝望。另外，科技的不断发展又在改变着传统自然观的认识。熵的热力学定律告诉人们：尽管物质不灭，但资源的品位将逐渐失去，最终将无法再利用。使用一定的物质的最后趋势是不可得性（混沌）。换言之，资源在使用中最终会变得太分散并与杂质混合，从而不可恢复。[②] 应该说，能源观经历了从人类附属自然、天人合一、人类掌控自然、能源无穷尽、能源可耗竭到可持续利用能源的逐步变迁。而这一能源观的变迁历程，实质上恰恰为我们改变传统能源监管模式，推动能源善治的发展奠定了相应的基础。我们理应积极从传统能源观中汲取“正能量”，吸收中国古代和西方传统能源观的有利思想，天人统一、和谐一致告诫人们要顺从自然规律，从思想上遏制现代人类对资源能源的疯狂掠夺和破坏活动，提升能源善治的认同感。

1.2.2 能源善治的内涵界定

在能源观的逐渐变迁与延伸发展进程中，传统的能源观已经为能源危机的持续爆发所击破。20 世纪以来，化石能源成为工业文明发展的代名词，而化石能源的过度消耗，又将人类文明带入了一个无法走出的死循环。一方面，煤炭、石油、天然气这三类主要的能源本身总要耗竭；另一方面，因能源的开发利用而引致的气候变化问题、大规模污染问题、地质破坏问题也越来越引起各国的重视和关注。现实问题是，目前各国基本都有关于煤炭、石油、天然气等能源开发利用的法律规定，但对于能源的有效利用、开发规划、环境影响等方面的规定却较少。各国的能源监管都将能源的供应安全作为其法律制度发展的最核心任务，但却都无法从根本上解决能源危机的严峻现实。在市场经济的条件下，与能源相关的法律法规大都以促进消费为目标，将能源结构中的能源消费问题作为刺激经济发展的一种基本方法，但却忽视了能源的可耗竭性，也忽视了对煤炭、石油、

---

① ［美］艾伦·杜宁. 多少算够：消费社会与地球的未来［M］. 毕聿，译. 长春：吉林人民出版社，1997：7.

② ［英］朱迪·丽丝. 自然资源：分配、经济学与政策［M］. 蔡云龙，杨友孝，秦建新，译. 北京：商务印书馆，2005：25.

天然气以及新能源等各类能源产品的消费数量及选择等问题进行相应的限制性规定。以德国为例，为支持国内煤炭产业而对电力工业征收的税种(Kohlepfennig)，即使在1995年消除了这种课税，但德国仍以对煤炭业的直接国家援助来取而代之。① 总体而言，“传统上，能源的唯一法律关注是解决如何确保供应的问题，而不是如何抑制浪费的利益或管理其外部性……错失的是对能源需求的管理或对能源生产和利用效率的管理。这是一种长期延误的法律发展，只管理供应而不调节需求，导致了一种严重不平衡的能源供应和利用问题的解决方式”②。

面对日益严峻的能源危机，如果仍将关注的焦点放在政府这个单一中心上，将管理视野仅仅停留在政府如何施加控制的单向维度上，既解决不了问题，也会给未来发展埋下隐患。因此，应当将能源问题还原为其公共问题的本质，能源首要是作为一种公共服务，其次才是作为一种商品。在能源监管与治理过程之中，应当让更广泛而有效的多元主体共同参与其中，这种“自下而上”的推动力，才是我国能源治理、能源善治的根本力量所在。英国学者罗茨认为，作为社会控制体系的治理，它指的是政府与民间、公共部门与私人部门之间的合作与互动。③ 基于这个原因，能源善治的要求是“思考如何变革现有的‘单中心’政策框架，建构‘多中心’、多角色互动与合作的政策过程”④。

笔者认为，能源善治就是在能源管理过程中改变传统的单一政府治理模式，发动广泛的公众参与，形成融合行政手段、市场力量和公民参与的多元共治的格局。通过政府与公民的合作管理，建立政府、市场、公民、中介组织的多方合作新型关系，使能源资源在整个开发利用的过程中，包括生产、流通、消费环节达到最高的能源效率和优化结构，使能源这种典型公共物品达到公共利益最大化。从另一个向度而言，能源善治应当是人

---

① Barry Barton, Electricity Market Liberalization and Energy Sustainability [A]. In Adrian J. Bradbrook, Rosemary Lyster, Richard L. Ottinger, Wangxi, The Law of Energy for Sustainable Development [C]. New York: Cambridge University Press, 2005.

② Adrian J. Bradbrook, Rosemary Lyster, Richard L. Ottinger, Wangxi. The Law of Energy for Sustainable Development, Introduction [M]. New York: Cambridge University Press, 2005.

③ 俞可平. 治理与善治 [M]. 北京：社会科学文献出版社，2000：5.

④ 孙柏瑛. 当代地方治理 [M]. 北京：中国人民大学出版社，2004：21.

文系统和自然系统内部诸要素自身和诸要素之间以及人文系统与自然系统之间的横向的空间意义上的协调、均衡，以及在纵向、连续的时间意义上的协调演进。在我国当前形势下，能源善治包括经济社会关系，城乡关系，东、中、西地区关系，人与自然关系，国内发展与对外开放良性互动协调发展的过程和状态。能源治理不仅要求我们在公众参与能源治理方面拓宽渠道，还要求规范基本程序，促进能源监管的协商和参与；能源善治要求公众积极参与到作为公共事务的能源治理之中，对政府的公权力进行监督，真正实现权力的回归；当然，能源善治也需要具备善治的合法性、法治性、回应性、透明性、责任性和有效性等基本要素。

1.3 能源善治的要素构成

前述已经论及，作为使公共利益最大化的社会管理过程的善治，是有其特定的构成要素的。一般认为，善治的四要素是法律的遵守、公共管理机构的公开公正、政府行为应当回应社会需要以及信息的沟通共享等方面。而从俞可平教授归结的善治七要素，即合法性、法治性、回应性、参与性、透明性、责任性和有效性来看，善治直接指向了法治、程序和责任等根本问题。能源善治作为善治的一个特定领域和形式，应当与善治的基本构成要素相一致，并以能源治理领域的特殊性形塑了其自身的构成要素。笔者认为，能源善治应当包含多元协商要素、公开透明要素、法治结构要素、稳定有效要素以及责任回应要素等最基本的要素构成。

1.3.1 多元协商要素

能源善治实际上所指向的是一种多元中心的治理方式，它的治理主体已经突破了传统管制模式下的政府主体，还包括了社会团体以及公众的参与治理，形成各主体之间的多元协商格局与民主参与的基本形态。因此，多元协商理应成为能源善治的一个基本要素。对于多元协商的民主参与，学界认为："民主是指自然和社会的相互作用，应该主要受行使管理权力的管理阶层和获得公共利益的公众的影响；公众和国家权力机关应该联合起来共同制定影响环境质量的管理政策和措施；公众应该和政府部门一起参加鉴定那些规定公共环境的目标和价值的过程；公众应对已经形成并正在处理当代环境资源危机的国家行政管理作出合乎需要的选择；公众在鉴定和争取公共环境利益方面应该有平等的自由和影响力。”① 对于能源善治，同样要求在这样一种成熟的样态之中，社会团体和公众的参与意识极高，对于能源治理领域关涉能源供给、能源安全的问题，其政策和法律法规的制定都应受到政府管理机关与社会公众双重主体的影响；社会团体和公众应当成为能源发展政策、措施制定的重要参与者；社会团体和公众应当监督政府作出更有利于能源资源合理开发、能源节约利用、能源高效利用的基本治理方略；同时，社会团体和公众对于能源治理的影响也应当不断扩大。以上举措保障能源治理的基本方式、政策、规章、程序等能够最大限度地符合公共利益的需要，符合社会公众的基本要求，促进能源安全、能源效率、能源秩序价值的实现。值得关切的是，能源善治的多元协商要素主要还在于践行对政府能源决策和能源管理的有效监督，从根本上限制政府的自由裁量权，保障能源民主决策和科学决策，使各利益群体能够协商妥协，政府的能源决策也更易获得认同和支持，从而更好地促进我国能源问题的解决，以能源善治推动能源事业的可持续发展。

1.3.2 公开透明要素

与多元协商相适应，公开透明要素是能源善治民主参与的直接体现，其直接指向的是政府能源管理机构关涉能源结构、能源安全信息的公开性和透明性。“政治透明是政治民主的必然要求，是政治民主化的重要标志。政治透明与政治民主相伴而生，相互促进。在实践中，政治透明常常作为民主化发展的重要途径而被人们重视。”② 因此，基于公开透明要素，公众应当有权获得与自己的利益相关的能源政策和能源法规的信息，这其中就包含了能源立法活动、能源执法活动、能源司法活动、能源政策制定、能源政策实施、能源相关行政预算、公共开支以及其他与能源治理有关的信息等。除了涉及国家秘密和确实不适宜公开的信息，政府应当主动向公众公开相应的信息，满足公众的合法需求，使得公众能够通过各种公开途径知晓，也能够使涉及的利益相关方能够较为便捷地获取与其利益直接相关

① 陈建新，谢兰兰．试论环境保护民主原则及其贯彻［J］．南方经济，2003（9）．

② 俞可平，中国治理变迁30年［M］．北京：社会科学文献出版社，2008：238-239．

的能源信息。从公开透明要素的功效来看，能源善治过程的公开和透明其实是政府与社会公众的双向互动。在这个过程中，政府主动向社会公众公开能源信息，而社会公众则通过公开信息的获取来有效地参与能源决策和执行过程，并且对能源治理的全过程实施有效的监督。能源善治的程度与能源公开透明要素所对应的信息公开透明程度成正相关。因此，应当以公开透明要素促进社会公众的多元协商，提高政府能源管理活动运行的透明性，从而推进政府能源管理活动的公正性及权威合法性。

1.3.3 法治结构要素

法治是人类文明的成果，它指的是一种法律和政治的愿望，创造一种法律的统治而非人的统治，更强调实质意义上的法律至上、权力制约和权利保障，而不仅仅关注法的形式意义。通俗来说，在法治的框架下，政府机关及其工作人员、社会公众都应当严格依法办事，以法规范其行为、管理社会事务以维持正常的社会秩序。因此，法治结构要素为能源治理提供了运行规范，是能源治理运行效率的保障。作为一种更好的治理，能源善治理应具备法治结构要素。从具体构成来说，法治结构要素首先体现为治理的合法性。治理的合法性是指“社会秩序和权威被自觉认可和服从的性质和状态”①。由此可见，在善治视域之下，首先，能源治理的主体应当具有合法性，政府作为这一管理的最重要主体显然应当不断扩大其公众认同感，不断完善其治理能力和协调能力，提升其能源治理的合法性。其次，法治结构要素体现为法治性，既包括能源法律制度的制定，也包含能源法律的良好实施和执行，能源法律的权威性得以确立。实际上，能源危机的威胁主要还在于人们对能源的不合理开发利用，因此要摆脱能源危机所带来的负面影响，当务之急是要有效地规范各种能源利用行为，提高能源的利用效率和配置效率，从法治角度推动能源治理思想的转变、能源管理机构的重设、能源保护制度的整合。法律是最低层次的道德，因此政府的能源善治不仅要求其自身与社会公众践行对法律的遵守和执行，还应当上升到道德层面，着重于能源治理程序的公正性以及能源治理行为的合理性，以更好地促进能源善治的实现。

---

① 俞可平．治理与善治［M］．北京：社会科学文献出版社，2000：9.

1.3.4 稳定有效要素

稳定有效要素是能源治理中兼顾协调有序与效率二者的基本构成要素，是能源善治结果的直接表征和参照系，实质亦为秩序和效率要素。稳定性意味着整个社会（包括人与人的关系和人与自然的关系）处于一种公平正义、民主法治、安定有序、诚信友爱、充满活力、人与自然和谐的状态。[①] 其基本表征为稳定、有序、连续和一致，“是各种行为规范的实践过程，即行为活动对社会规范的贯彻、实施和维护过程，因而是制度化和规范化了的社会过程和社会结构”[②]。能源善治应当涵盖能源系统的和谐有序发展：一方面，能源治理进程中公众参与的基本权利、能源治理的基本程序和结构都应当是稳定有序的；另一方面，能源治理的对象——能源系统本身应该达至稳定有序的运转，能源开发、能源利用等都处于合理的范畴之内。稳定和有序是实现能源善治的基本表现，也是公开透明、多元协商的结果体现。有效性主要是能源治理的效率，表现为能源治理机构的合理设置，治理程序科学，治理活动灵活，从而能最大限度地降低能源治理的成本。效率是指产出与投入的比较，注重事物量的方面。能源善治的有效要素应当涵盖两个方面：一是能源治理自身的效率，即能源治理的规范、政策和制度等的设计和运作应当符合效率的要求，以保证能源治理措施符合“成本—效益”分析方法；二是能源治理的工具性效率，即能源治理要保证治理成果的最大效益化，实际上也就是要求能源治理能够最终实现能源开发、能源利用等方面的效益最大化。能源治理的有效要素既要保障能源制度、政策规范运作成本的最小化，又要确保能源开发和利用的效益最大化。因此，稳定有效要素的程度越高，就会越凸显能源善治的程度，二者是相辅相成的关系。

1.3.5 责任回应要素

责任回应要素是能源善治的一个集合构成要素，包含责任性要素和回应性要素。对于责任性要素而言，能源善治的责任性意指能源治理的主体应当

---

① 林美萍. 环境善治：我国环境治理的目标［J］. 重庆工商大学学报（社科版），2010（2）.

② 邢建国，汪青松，吴鹏森. 秩序论［M］. 北京：人民出版社，1993：5.

向社会公众及利益相关者保持对自身作出的行为负责的态度。能源治理中的任何主体都应当履行自己在能源治理中所赋予的义务和责任，义务和责任的合理承担标志着能源善治的发展推进。但是，若能源治理主体不履行自身相应的义务和职责，则就是责任性的缺失，是对善治的破坏。社会契约论和传统的政府统治力量认为，公众与政府之间是一种委托代理关系，即公众将公权力通过契约的形式委托给政府，政府代公众行使这样的公权力，而权力的具体执行者则是各级行政管理机关及其工作人员。于是，在这种统治模式下就出现了官僚（或管理）责任和政治责任两种不同的责任体系：官僚责任主要表现为官僚组织对政府的责任，政治责任是经选举产生的政府对选民的责任。[①] 责任性要素要求政府应当对委托人——公众直接负责，政府各级行政管理机关及其工作人员当然也要承担相应的责任。只有将责任性要素确立下来，才能在我们的能源治理结构之中强化政府及其行政机关的责任，使其不怠于履行职责，更好地应对我国的能源危机。

随着社会公众法治意识的不断增强，作为政府工作的直接受影响者，社会公众越来越注重自身利益的保护。因此，政府治理过程中的责任性从意识和范围角度都应当进行适当的转变，以有效应对现代社会公众对政府责任性要求逐步提高的局面。反之，如果政府应对不力，责任性没有达到社会公众的要求，不能够很好地履行其承诺的责任，就会导致政府的公信力下降甚至丧失，从而影响到政府的合法性。[②] 而对于回应性要素，其更多地强调对于社会公众要求的回应，强调政府行政管理机关及其工作人员应当对社会公众提出的能源治理要求及所反映的关于能源治理方面的建议等在第一时间作出回应，并适当采取措施以满足社会公众的需求。回应性要求能源治理主体不仅要被动接受责任性的约束，还应主动向公众回应能源治理的政策决策，作出解答并征询意见以进一步改善治理。通过责任回应要素对治理主体职责进行严格界分，有助于能源治理的有效运行和推进，更好地实现能源善治。

---

① ［澳］欧文·E. 休斯. 公共管理导论［M］. 彭和平，周明德，金竹青，等译. 北京：中国人民大学出版社，2001：22.

② Peri K. Blind，Building Trust in Government in the Twenty-first Century：Review of Literature and Emerging Issues［C］. 7th Global Forum on Reinventing Government Building Trust in Government，26-29 June，2007，Vienna，Austria.

第2章　能源善治的逻辑起点

能源善治逐步走上历史舞台，是源于传统能源管制模式的逐渐式微。尽管能源管制依赖于中央集权在一定历史时期确实促进了我国能源供给体系的完善和能源结构的逐步形成，但是在新的历史时期，随着我国能源需求的日益增多，社会主义市场经济的逐步发育完善，传统能源管制模式开始无法应对新的能源问题。因此，寻求新的能源治理模式，以能源善治推进我国能源消费结构的调整成为一条可行的路径。

2.1　能源危机的时代审视

我国资源丰富，是能源生产大国，但同时人口众多，也是能源消费大国。自2012年开始，我国能源生产量和消费量分别居世界第一位和第二位。自20世纪90年代以来，随着我国经济的飞速发展，能源消费量随之急剧增加，形势不容乐观。一方面，我国以煤炭为主的能源结构使得能源生产、能源消费与生态破坏、环境污染的矛盾越来越突出；另一方面，能源消费的超量增长使得我国能源越来越依赖于进口，能源开发的不足、能源的过度浪费等能源安全问题也日益成为关涉国家经济社会可持续发展的瓶颈和焦点。

2.1.1　我国的能源状况考量

我国的能源资源类型齐全，基本上世界上的能源资源品种在中国都有，而且蕴藏量也相当可观。但我国的能源状况还存在两个主要问题：其一，能源分布不均衡，其特点是北多南少，西富东贫，东部地区能源消费占全国的67%，能源储量仅占全国的13%。世界人均煤炭可采储量是162吨，而中国人均为90.7吨，为世界平均值的56%。我国的煤炭资源的地理分布很广，从东北到海南省，从青藏高原到东海之滨，都有煤田分布。

但是，我国煤炭资源分布极不均衡，在已探明储量中，79.8%集中在华北和西北，中西部地区就占这其中的86%。山西、内蒙古和陕西分别占28%、22%和17.5%，加上贵州、新疆、宁夏和安徽，这7个省和自治区的储量占全国的84.3%。[①]

2011年，我国的原油已经探明的储量是20亿吨，已探明的石油储量只是其中很少的部分，而且85%集中在长江以北的东部地区。随着石油勘探开发工作的深入开展，表层以及地理位置相对易开发的地区储油量所剩无几，深层、深海和自然地理位置十分恶劣的沙漠、高山和高寒之地将成为未来中国国内主要的油气勘探开发对象。新增储量的75%来自老油区的复杂或隐蔽油藏。[②] 我国的地形复杂，储藏深度大（5000～7000米），开采费用很高。每吨原油的勘探开采费用居世界首位。而其他主要产油国，如科威特，其油井都是自喷井，开采几乎是一劳永逸的，费用十分低廉。《BP世界能源统计年鉴2012》的数据表明，如果目前的开采速度不变，则全球煤炭、天然气和石油储量可供消费年限仅分别为162年、65年和54年。能源的可耗竭性依然是困扰人类发展的一大难题。

此外，我国的可再生能源有一定的资源优势，发展潜力较大。水资源除了理论储量占世界首位之外，中国的技术可开发量、开发建设量以及经济可开发量也是如此，水力资源是中国能源资源的最重要的组成部分之一。我国水电资源蕴藏量居世界第一位，主要分布在西南地区，技术可开发量约为5.4亿千瓦，经济可开发量约4亿千瓦。截至2011年年底，我国水电装机总容量达2.2亿千瓦。水电开发程度达到36.48%。[③] 此外，我国的太阳能资源也十分丰富。我国绝大部分疆域都处于温带地区，超过2/3的地区太阳能丰富，年辐射量超过60万焦耳/平方厘米，地表每年吸收的太阳能约为1.7万亿吨标准煤。就生物质资源而言，当前我国可利用生物质资源约2.9亿吨，主要是农业有机废弃物。在风能方面，我国风能资源总量为7亿～12亿千瓦，其中风能资源储量可通过土地技术开发，且储量

① 孙巨峰．我国能源资源及能源消费现状分析与探讨［J］．西安航空技术高等专科学校学报，2000（3）．

② 杨泽伟．中国能源安全问题：挑战与应对［J］．世界经济与政治，2008（8）．

③ 2011年我国新增水电装机1500万千瓦［N/OL］．中电新闻网，2012-09-11．http://www.indaa.com.cn．

大于海上，年发电量可达 1.4 万亿～2.4 万亿千瓦时。综上所述，我国大规模可开发可再生能源资源丰富，技术潜力巨大。未来我国经济和社会继续发展，能源消耗量必然大大增加，我国丰富的可再生资源可以在一定程度上代替传统能源，为实现绿色发展提供足够的能源保障。

2.1.2 我国的能源利用现状

1. 我国能源利用效率低，许多领域呈现粗放式增长

改革开放 40 多年来，中国经济持续快速发展，能源消费激增。2011 年，中国能源消费增长占世界能源消费增量的 71%。能源耗用总量和人均能耗都迅速上升，已成为世界上产值和能耗最高的国家之一。目前我国单位产值能耗过高，是发达国家的 3～4 倍，高出世界平均水平的 2 倍多。比如，在我国每千克标准煤的产值为 0.36 美元，而世界平均值则为 1.86 美元。当前，中国的能源利用效率比发达国家低 10 个百分点左右，只有 33%。电力、轻工、有色、石化、钢铁、建材、纺织、化工 8 个行业的能源消费占工业部门能源消费总量的 73%左右，而这些行业的主要产品单位能耗平均比国际先进水平高 40%。目前，我国高耗能建筑单位建筑面积采暖能耗为气候相近的发达国家的 3 倍左右，而每年的新建建筑中 80%以上仍属于高耗能建筑。此外，我国还是汽车生产大国，但我国汽车生产能耗过大，技术亟须改进。例如，美国汽车生产能耗只有 0.9 吨油当量，而中国汽车生产能耗则达到了该数值的 1.8 倍。

2. 以煤炭为主的能源消费结构不合理

按《BP 世界能源统计年鉴 2012》提供的数据，2011 年全球一次能源消费石油占 33.1%，煤炭占 30.3%，天然气占 22.9%，水电和核电占 19.2%，可再生能源占 2.1%。在中国现有的能源消费结构中，煤炭占 70.39%，石油占 17.67%，天然气占 4.5%，水电占 6%，核电占 0.74%。根据以上数据可以看出，中国的能源消费主要在于煤炭。事实上，中国是世界上煤炭使用比例最高的国家，也是世界上唯一把煤炭作为主要能源的国家。中国的煤炭消耗总量占世界煤消费总量的 1/4 以上[①]，并且根据国际能源机构的预测，到 2030 年，煤炭仍占中国能源消费总量的 60%。在

---

① International Energy Agency. World Energy Outlook 2002 [R]. Paris, 2002.

未来 20 年内，煤炭仍将是中国的主要能源。

3. 新能源利用取得明显进展，有待发展

经过多年的发展，我国新能源产业取得了巨大成就，目前已成为风能和水能的最大用户。我国水电已经成为电力工业的重要组成部分。风能、太阳能和沼气等可再生能源技术已经成熟，生物质供气和发电技术也接近成熟，风电、光伏发电、太阳能热利用和生物质能高效利用取得明显进展。然而，我国可再生能源还有很长、很艰难的路要走，很多新的能源供给和消费方式亟须引进，新的前沿技术需加快研发，比如发展分布式能源系统和分布式能源系统技术。我国各级政府、企业以及相关专家和媒体都认为，我国应积极发展分布式能源系统，通过推广这种能源供应模式，提高天然气资源的利用效率，从而优化燃气市场。同时，依托分布式供能技术，有效利用大量的矿井瓦斯、焦化瓦斯、石油伴生气、城市污水、填埋沼气和可燃废气，将是解决我国可持续发展的主要措施。然而，我国分布式能源的发展存在许多困难，分布式能源技术是主要障碍。科学技术是第一生产力，先进技术可以引领能源产业实现跨越式发展。目前，我国应重点研究化石能源、生物质能源和可再生能源制氢、经济高效储氢及输配技术；燃料电池基础关键部件制备及电堆集成、燃料电池发电及车用动力系统集成技术；突破化石能源微小型燃气轮机等终端能源转换、储能及热电冷三联产技术；气冷快堆设计及核心技术；磁约束核聚变和天然气水合物开发技术；等等。

4. 能源环境问题突出，对经济社会的可持续发展构成威胁

受长期粗放的经济增长方式的影响，我国能源利用效率低下，环境污染严重。以煤为主的能源结构不利于环境保护，传统化石燃料在开发利用过程中排放大量的二氧化碳、二氧化硫、氢氟碳化合物等温室气体，造成酸雨和雾霾等气候问题。数据显示，燃煤活动排放的废气给中国带来 85% 的二氧化碳、90% 的二氧化硫和 73% 的烟尘。据世界银行的统计报告，全球污染最严重的 20 个城市，中国就占了 16 个。[①] 中国环境问题的核心在于能源生产和利用造成的环境破坏，这使得中国面临着全球碳排放等能源

---

① Bo Kong. An Anatomy of China's Energy Insecurity and Its Strategies [R]. Pacific Northwest National Laboratory, 2005: 6.

和环境问题的巨大压力。

5. “节能减排”观念和措施需要进一步加强

“节能”作为“第五能源”，可以在减少能源投入量的情况下，依然保持经济的高速发展。在当前政策环境背景下，我国每年的能源需求为32亿～33亿吨标准煤，而如果采取节能措施，可少用8亿～9亿吨标准煤的能源。这相当于中国每年原煤年产量的80%，相当于每年为国家发展节约了8000亿元的资金。经过有关人员科学的预算分析，节能将在未来大大降低我国每万元国内生产总值能耗，该能耗可从1995年的2.33吨标准煤降低到2010年的1.25吨标准煤、2030年的0.54吨标准煤和2050年的0.25吨标准煤。很多人认为，节能的背后需要强大的科技支撑，实际上我国依靠技术进步降低单位产品能耗可实现的节能只能占到20%～30%，而通过调整行业和产品结构实现的节能则可占到工业部门节能潜力的70%～80%。① 然而，我国的节约能源法对节能减排倡导性条款多，许多配套的鼓励性措施细则迟迟不能出台。国家的一些补贴政策不能有效落实，政府和企业缺乏需求侧管理的意识，成为资源综合利用和经济社会可持续发展道路上的一大阻碍。

6. 能源安全风险凸显

我国能源安全风险问题主要表现为能源供需矛盾日益突出，对外依存度上升。首先，国内资源的相对匮乏和资源的粗放式利用直接导致我国能源和主要矿产资源的对外依存度上升，这无疑加大了我国的能源风险。20世纪90年代以来，能源供应局势愈发不容乐观，中国经济的快速增长源于能源的大量消耗，从而导致能源供给不足，这极大地限制了中国国民经济的发展。例如，1990年中国的石油消费量是1.15亿吨，原油产量是1.38亿吨；而在2011年石油消费量增加到了4.618亿吨，而原油产量只增加到2.036亿吨。② 为弥补缺口，援引中国工业和信息化部的数据，2011年上半年，中国对进口石油的依赖度上涨至55.2%。有专家估计，2030年我国能源供需缺口为2.5亿吨标准煤左右，到2050年可能会增至

---

① 何中舟. 从数字看能源［J］. 中国改革，2004（7）.

② 杨泽伟. 中国能源安全问题：挑战与应对［J］. 世界经济与政治，2008（8）.

4.6 亿吨标准煤。[①] 其次，我国石油能源对外依存度过大，国际石油资源环境不理想，储备体制不健全，也是我国能源供需矛盾出现的重要原因。石油是“工业的血液”，是“经济的命脉”，是“外交的武器”，是“国防的保障”。石油在世界工业中已成为与粮食和水资源并列、事关国家经济可持续发展和经济安全的重要资源。石油因其使用的不可替代性及严峻态势，已经成为中国能源安全的重中之重。中国的原油产量远低于其石油消费量，缺口巨大，并且随着中国经济的飞速发展仍在逐年扩大。1993 年中国成为石油净进口国，2003 年我国成为世界第二大石油消费国。随着经济增长，石油供应短缺、进口依存度飙升的局面在未来很长一段时间内仍不能被打破。2018 年全年，我国石油净进口量 4.4 亿吨，同比增长 11%，石油对外依存度升至 69.8%。2019 年，我国石油对外依存度已经高达 72%。[②] 另外，我国的石油储备体制并不健全。我国目前尚没有专门调整石油储备的法律，石油储备设施等硬件条件难以满足现实需要。国际能源总署规定的石油储备规模为上年进口量 90 天的水平，目前估计，中国的石油储备量只足以维持国内大约 7 天的需求。[③] 我国原油进口 60%以上来自局势动荡的中东和北非，石油进口是远距离、大运量。每年进口的石油约 80%经过马六甲海峡，现有远洋船队超大型油轮严重不足，约 95%的进口石油依靠海外公司运输，运输线路安全保障难度大。

2.1.3 我国的能源问题剖析

能源问题不仅是一个国家经济发展、社会稳定和国家安全的重大战略问题，而且是一个涉及国家安全、国家利益和对外战略的国家战略问题，也是一个涉及国际能源供需和能源地缘政治的国际战略问题。在能源开发利用的过程中，能源效率、能源供给、能源结构、能源环境等问题影响着能源的可持续发展，也影响着一国能源战略、能源政策、能源

① 马维野，王志强，黄昌利．我国能源安全的若干问题及对策思考［J］．国家经济技术研究，2001（4）．

② 国家高端智库中国石油集团经济技术研究院．2018 年国内外油气行业发展报告［R］．2019-01-16．

③ 甄冠楠．浅析我的石油战略储备制度［J］．中国法学会环境资源法学研究会年会论文集［M］．北京：北京大学出版社，2006：114．

立法的目标和趋向。

1. 能源供给问题

能源安全的本义即能源供给安全，如何保障能源安全供给是能源发展的首要问题。目前，世界能源供给不足问题趋于严重，尤其是石油、煤炭等不可再生能源资源日益匮乏，成为困扰各国经济持续发展的瓶颈。在经过数次石油危机之后，各国都认识到能源供给安全是一国生存和发展的命脉所在，无论是在政治、经济还是在外交领域，都是围绕着能源安全供给问题这个热点和焦点展开的。无论是大力开发国内资源以保证自给自足，还是开拓多渠道来源和多样化结构，只有解决了能源的安全供给，才会有能源发展可言。① 对中国来说，煤炭等能源资源虽然丰富，但人均能源资源总量非常有限，由于经济高速增长，能源需求量不断加大，能源资源短缺问题将长期存在，并且还严重存在短油、缺电的结构性短缺问题。尤其是石油需求量越来越大，净进口石油数量越来越多，石油安全问题日益严重，甚至已经影响到国家能源安全。但是，中国经济发展速度不能放缓，尤其中西部地区和东北老工业地区需要加快发展，这就需要足够的能源供给支撑经济保持快速增长。因此，我国需要作出能源与经济协调发展的战略选择。②

2. 能源结构问题

受制于资源、经济和科技发展等因素，各国能源结构差异很大，能源资源分配不均。中国、印度等煤炭资源丰富的发展中国家在能源消费中往往以煤为主；在美国、日本、德国等发达国家中，石油在消费结构中所占比重均比较大；而法国、加拿大等化石能源缺乏的国家则注重发展核电和水电。随着新能源和可再生能源的开发利用，石油、煤炭所占比重呈现下降趋势，但仍然占据主要地位。中国是世界上最大的煤炭生产国和消费国，清洁能源所占比例低，能源结构位于低品位，与当前世界能源消费以油气燃料为主的趋势和特点相去甚远。煤炭高效清洁利用的难度远远高于石油和天然气燃料。我国大量的煤炭是直接燃烧使用的，只有不到一半的

① 肖乾刚，肖国兴. 能源法［M］. 北京：法律出版社，1996：29.

② 徐寿波. 改革开放30年中国能源发展战略的变革［J］. 北京交通大学学报（社会科学版），2008（7）.

煤炭用于发电或热电联产。与此同时，我国终端能源消费结构并不科学，用电占终端能源的比重明显偏低，电气化程度较低。因此，必须着力进行能源结构调整，以保障能源安全和可持续发展。

3. 能源效率问题

能效一般是指最终用户获得的有效能量与消耗的能量之比。提高能源效率是缓解能源危机、保障能源安全供应的有效途径。能效的提高不仅可以降低消费者的能源成本，获得更大的能源产出，还可以减轻环境压力。石油危机之后，各国普遍采用节能方式来限制能源消费，而节能的实施推动了能源技术发展，改善了能源管理，实现了低能源消耗的经济增长。因此，节能是合理利用能源、提高能源效率的关键。总的来说，中国能源效率低、浪费大，能源系统从开采、加工转化、储运到终端利用的总效率很低，单位产值的能源强度和能耗相对较高。除了产业结构不合理，能源科技和管理水平落后、能源消费结构不合理等都是导致能源利用率低的重要因素。然而，从另一个角度来看，中国能源系统的每个环节都有巨大的节能潜力。

4. 能源环境问题

能源环境问题是衡量一国能源效率高低的尺度，也是衡量能源利用是否充分满足可持续发展的综合指标。能源开发利用过程中的环境污染问题十分严重：采煤会造成地表塌陷、水源污染；煤炭燃烧产生的二氧化硫直接威胁人体健康；采油会产生大量含油污水和爆裂渗漏；在煤炭和石油的贮存和运输中都会形成渗漏、流失，污染土壤和水源；在加工利用中的污染更为明显，油气挥发会生成光化学烟雾，产生致癌物和温室效应，引起酸雨和臭氧层破坏；利用核能有可能造成放射性扩散和反应堆爆炸等。伦敦烟雾事件、美国洛杉矶光化学烟雾事件、日本水俣病事件等一系列环境公害事件的发生，使能源环境问题成为一个国际问题，受到越来越多国家的关注。我国的能源环境问题主要是农村过度消耗生物质能引起的生态破坏以及燃煤造成的煤烟型大气污染。在今后相当长的时期内，煤炭仍将是中国的主要能源，其与油气、核能等能源利用所造成的环境污染问题始终值得关注。

2.2 能源治理模式的渐进发展需求

当前，我国能源问题日益突出，能源安全已成为关系国家经济社会发展的核心问题。变革能源治理模式是有效解决目前我国所面临的能源紧张问题，保障我国能源安全和能源稳定供给的关键。因此，要把能源治理模式改革作为建立适应我国经济社会发展的新的能源治理机制的着力点，实现能源治理从威权式、管制型治理模式向服务型、多中心善治模式的转变。

2.2.1 能源治理模式的类型划分

能源具有公共性、本土性、政策性等基本特征，而公共性是其最为突出的性质。从历史发展脉络来看，关于能源领域的治理模式基本上应当包含威权式能源统治模式、管制型能源治理模式以及多中心能源善治模式，其实质也构成了能源公共事务治理之道演变的内在依据。

1. 威权式能源统治模式

统治是依靠国家权力进行管理和支配的行为，以威权强制力推动对社会的控制。长期以来，传统社会控制建立在权力之上，以威权统治模式为主要类型。马克斯·韦伯认为："权力就是在一种社会关系内部某个行动者将会处在一个能够不顾他人的反对去贯彻自身意志的地位上的概率，不管这种概率的基础是什么。"① 换言之，权力也是统治阶层运用威权强制力对他人进行管制和规范的工具行为。针对权力的来源是统治者的意志还是人民的授权，马克斯·韦伯将合法统治划分为三种类型：传统型、魅力型和法理型。传统型统治是指基于既定传统的神圣性，实现其所认可的人的统治的合法性；魅力型统治是指社会中存在一个神圣化的英雄个人，基于他的个人权威能够创立和维护社会秩序，从而实现统治的合法性；法理型统治是指秩序的创设者具有创造秩序或发出命令的权利之合法观念，基于这种观念实现统治的合法性。②

---

① ［德］马克斯·韦伯. 经济与社会：第二卷［M］. 阎克文，译. 上海：上海人民出版社，2010：1560-1561.

② ［德］马克斯·韦伯. 经济与社会：第一卷［M］. 阎克文，译. 上海：上海人民出版社，2010：322.

应当说，现代民主社会诞生之前，世界上大多数国家对于公共事务都奉行传统威权式统治模式。在这一统治模式之下，统治者与被统治者之间实际上存在的是一种单向管控的关系，统治者在其治理过程之中往往更多的只会考虑其利益群体的核心利益，而忽视被统治者的公共利益和情感需要。因此，社会普通公众的公共利益往往会被排除在整个治理框架之外，矛盾集聚的越来越多之后，就会诱发统治阶层与被统治阶层之间的剧烈冲突。

能源领域的治理实质上也是一种公共事务的治理，在传统的视阈范围之下，能源治理往往采取的是粗暴的、命令式的威权统治方式。国家的统治阶层占据管控的制高点，对于关涉公共利益的能源问题也仅从其私人或小集体利益出发，最大限度地攫取能源的收益，而忽视对能源的合理、可持续开发利用。同时，在这种威权式统治模式之下，公众往往是以从属性的形式出现的，无法参与到关涉能源问题的治理之中，直接后果是社会公众参与能源治理的积极性被压制，间接后果则是能源治理秩序受到极大破坏。

2. 管制型能源治理模式

现代社会的公权力不再是某一个体或者某一群体攫取利益的工具，它要受到民主的内在限制。管制型治理模式实际上是针对传统威权式统治模式的僵化和失灵而产生的，是对治理模式进行变革的一种尝试。在这一时期，公权力来自公众对自身权利的让渡，公众将公共事务委托给政府，将公共事务中蕴含的由个人利益组成的公共利益让渡给政府。因此，管制型治理模式从逻辑上看是一种委托模式，由社会公众决定公共事务和公共利益的委托人，即为政府，政府通过市场和管理机制来反馈于公共事务和服务。换言之，在这种治理模式之下，治理逻辑遵循的仍然是政府管理自上而下的集权式和官僚式命令传递的运行机制，实质上仍然是单向管理活动。与威权式统治模式相类似，管制型治理模式仍然无法摆脱其可能存在的问题，即容易陷入政府运行的低效和滞后性、滋生权力寻租的困境之中，无法实现公共利益配置的最优化。

作为公共事务的能源治理，实际上需要依赖于管制型治理模式对其进行统一配置和分配，从国家管理的层次和角度，以宏观视野统筹配置能源的布局，提高能源的综合利用效率，这也是管制型能源治理模式存在并发挥一定功效的原因所在。以能源管制为目的而创设的能源管理机构、能源监管机构以及相应的能源管理法律法规和政策等，均与这一能源治理模式相对应。由于能源市场自身发育并不完善，其固有的自发性、盲目性和滞后性也会引发壁垒及外部性与内部性的失灵情况。因此，市场交易不仅要遵循由习俗和标准惯例建立起的行为模式，也要通过完善相关的立法将其约束在行政制度及法律规则组成的框架内。[①] 如果缺乏统一的能源管理体制和完善的能源管理制度，极易造成各部门之间的利益争端和相互推诿，从而阻碍能源行业的正常发展。但是我们也应看到，在管制型能源治理模式之下，政府管制权力是在不断扩张的。当政府单向管制权力过度压制公众参与和监督的权利时，往往会导致政府部门及其人员的膨胀，而不再从公共利益出发进行服务管理，这又走上了威权式能源统治的老路。此时，管制型能源治理模式的困境会越来越凸显，由此又需要新的能源治理模式的创新，并与社会发展相适应，以应对能源危机。

3. 多中心能源善治模式

20 世纪 70 年代，针对政府管理机制的不足，西方社会发起了一场声势浩大的政府改革运动，建立了新公共管理理论，主张在政府管理体制中引入市场化机制。这种治理模式在管理中糅合了市场和经济的微观要素，并以之为基础进行政府管理模式的改革，寄望打破官僚机构对公共事务的垄断，提高政府服务的效率。这种治理模式的特征在于，其以“成本—收益”为原则，以效率为核心，寻求公共产品供给的最佳途径；以顾客为导向，公共事务处理的成效以顾客的满意度为标准；以分权为基本模式，打破传统的层级式、命令式的传导机制，提高公共事务治理的效率；以权责分配为保障，明确权力和责任；以组织变迁和革新为动力，根据社会需求调整管理形式。[②]

当然，新公共管理仍然是以政府管理为基础的，但是这一管理模式有所转变和发展，并逐渐过渡到服务型治理以至多中心治理模式。随着公众从“单位化”向“社会化”转型，“正式的政治参与活动已经逐渐退位，

① [美] 丹尼尔·F. 史普博. 管制与市场 [M]. 余晖，何帆，钱家骏，等译. 上海：上海三联书店、上海人民出版社，2006：31.

② 高秉雄，张江涛. 公共治理：理论缘起与模式变迁 [J]. 社会主义研究，2010 (6).

围绕个体性事务及利益诉求而产生的社会行动成为其中的主要议题"①。公众面对与自身利益相关的公共事务，不再是消极地寻求政府的帮助，也不会仅仅凭借正式的政治参与行为去表达自己利益诉求，而是通过个体行动或者组织化的方式参与治理或形成一定范围内的社会自治，以此来表达群体诉求，并使之与国家治理实现有机复合。② 在此形势之下，治理的主体应当有所拓展，不仅应保障政府的管理地位，同时应积极引入公民的价值影响以及第三部门组织等作为共同治理的主体，这就延伸出多中心善治模式。为使公共事务的治理结构更多地体现参与民主和社会正义，治理主体应该尽可能容纳社会中的各种角色。从中央政府到地方政府和政府派生组织，从官方组织到非官方组织和私人机构，从社会正式、非正式群体到公民个人，都应当进入治理主体的角色之中。

目前我国的能源问题愈演愈烈，国家经济社会的发展已经受其影响。那么，改变传统的威权式和管制型能源统治模式，推行多中心能源善治模式，改变能源治理的社会观念、结构和制度就变得刻不容缓。要将公众的参与、第三部门组织的参与同政府治理结合起来，并将之作为一种集体行为深嵌到社会结构的运行之中，实现全社会参与能源治理的局面；将自下而上的参与推动方式与自上而下的管理方式完美融合，在能源公共决策过程、能源公共事务治理的微观路径中追求能源善治的实现。

2.2.2 传统能源管制模式问题剖析

如前所述，能源治理模式涵盖了传统威权式能源统治模式、管制型能源治理模式以及多中心能源善治模式这三类最主要的形式。实际上，这三种类型也指向了能源治理模式的递进变迁逻辑：从传统威权式能源统治模式向管制型能源治理模式发展是管理效能转变的必然要求，从管制型能源治理模式向多中心能源善治模式变革是治理主体和民主参与的必然结果。不可否认，我国传统的能源管制模式和能源管理体制确实发挥过对能源管理、能源发展的效能，但我们也不能忽视其在能源治理中存在的问题。

---

① 王星. 利益分化与居民参与：转型期中国城市基层社会管理的困境及其理论转向[J]. 社会学研究，2012 (2).

② 杜辉. 论制度逻辑框架下环境治理模式之转换 [J]. 法商研究，2013 (1).

1. 我国能源管理体制的沿革

中华人民共和国成立以后，以能源为基础的工业发展十分迅速，煤炭、石油以及电力都基本能够满足经济发展的需求。正是在能源开发利用的管理过程之中，从计划经济时期到经济体制转型时期再到社会主义市场经济体制逐步发展时期，我国的能源管理体制进行了多达 20 次的调整。自 1980 年以来，为与经济体制改革相适应，国家专门成立能源委员会，主要负责煤炭、石油和电力三大能源部门的管理工作。1982 年，将能源委员会撤销，煤炭、石油和电力三大能源部门仍归国务院直接领导。1988 年，国家根据经济体制改革的基本要求成立能源部，对能源进行统一的管理，撤销了煤炭部、石油部、电力部、化工部以及核工业部，同时组建了中国统配煤矿总公司、中国石油化学工业总公司、中国电力联合会以及中国核工业总公司。总公司的组建，实质上没有改变其政企合一的性质，能源领域仍然受计划经济管理体制的制约，至 1993 年被撤销。

2003 年，为转变政府职能，强化政府的宏观调控能力，弱化对微观经济的具体干预，国务院启动了新一轮政府机构改革。能源工业的行业管理职能转归新组建的国家发展和改革委员会，具体工作由其内部新设的能源局负责。这次改革将能源工业行业管理的相关职能从能源有关负责部门转到了国家发展有关负责部门，标志着能源体制的调整开始逐步上升到经济社会发展和国家战略的高度。2005 年，成立了国家能源领导小组办公室，开始了宏观战略管理，这标志着国家在能源管理方式上已经发生了根本变化。国家能源领导小组的成立在很大程度上实现了部门间的利益和矛盾的平衡，但也未能改变能源领域内管理权力的分配格局。2008 年，根据《国务院机构改革方案》，我国组建了国家能源局（副部级），将国家发展和改革委员会的能源行业管理有关职责划入国家能源局，由国家发展和改革委员会管理。此次改革变动的具体职责包括：制定能源发展战略、规划、政策，列出相关体制改革建议；管理国家石油储备；实施对煤炭、石油、天然气、电力等能源的管理；提出发展新能源和推动能源行业节能的政策措施；将原国家能源领导小组办公室的职责划入国家能源局；开展能源国际合作；将原国防科学技术工业委员会的核电管理职责划入国家能源局。应当说，此次改革有利于促进能源行业管理与经济社会发展规划和宏观调控的有机结合，更好地实现国家对能源管理的战略意图。当然，在此次机构改革方案中，国家能源局仍然隶属于国家发展改革委管理，能源管理的现状仍然没有得到根本性转变。

2010 年，国家能源委员会在进一步加强能源战略决策和统筹协调的背景下成立，成为中国最高级别的能源机构。能源委员会主任由国务院总理出任，办公室主任由国家发展改革委主任兼任，副主任由国家能源局局长兼任，办公室具体工作由国家能源局承担。[①] 由于几乎所有与能源问题相关的部委的负责人都是能源委员会委员，所以从国家能源委员会组成人员的结构来看，这个机构更类似于一个最高能源问题部长联席会议。国家能源委员会的主要职责是负责研究拟订国家能源发展战略，审议能源安全和能源发展中的重大问题，统筹协调国内能源开发和能源国际合作的重大事项。[②] 国家能源委员会的成立意味着我国能源安全战略越来越得到重视，并被提到新的高度，有助于扭转多头管理的现状，也意味着原来国家能源局难以完成的任务可由国家能源委员会加以推动，保障能源行业的统一管理和利益协调。但是，国家能源委员会对于长期存在的分散化能源管理格局仍然缺少有力措施，管理分散、职能交叉、政出多门等问题仍然存在。

2. 传统能源管制模式存在的问题

我国多次进行改革并为此成立国家能源委员会，这从体制上保障了能源安全和能源行业发展。作为能源消费大国，这对于我国来讲具有重大意义。传统能源管制模式实际上也主张在能源开发利用活动中，由国家能源主管机关和相关部门行使指挥、协调、控制、监督和执行的行政职能。笔者认为，一方面由于能源管理本身具有综合性、复杂性、体系性的特点，为保障能源安全、促进能源环境协调发展，保证国家能源战略、政策在能源管理中得以有效执行，国家迫切需要建立统一的能源管理体制，实施各部门分工统筹、协调管理，使能源管制获得法律的稳定性和权威性；另一方面，也正是能源问题复杂性的存在，使得传统能源管制模式也存在诸多问题，特别是政出多门，利益争端不断，监督参与等方面还有较大缺失，有待于管理体制改革的进一步深化和完善。概括来讲，我国传统能源管制模式主要存在如下五个方面的问题：

---

① 孙庆华. 能源管理体制：由产业管理向宏观战略管理转变［J］. 西部论丛，2008（2）.

② 宋时飞. 能源委："合力"进行时［N］. 中国经济导报，2010-01-30.

第一，传统能源管理机构设置问题。我国能源管理涉及部门众多，各个部门之间利益关系错综复杂，目前尚未有一个机构能够系统全面、权责统一地管理能源事务，这是我国能源体制改革相对滞后造成的。能源问题涉及煤炭、石油、电力以及价格改革、市场准入、税收、进出口、国家安全等多个方面，能源管理职责分散在国家发展改革委、自然资源部、中组部、商务部、科技部、财政部、环保部、国资委、国家煤监局和国家安监总局、国家电监会等多个部门。这些部门都在不同程度、不同层面、不同范围管理或影响能源政策，但是因为没有一个机构能够自始至终地、权责一致地系统管理能源事务，所以缺少一个部门对能源出现的问题承担责任。这种能源管理模式存在一定的弊端，分散式的管理无法对我国当前的能源局面进行有效统筹规划，也难以对其中出现的问题进行综合协调，面对经济社会发展和能源形势变化带来的挑战也难以采取有效措施。总体来说，当前我国能源管理机构运行主要存在以下弊端：其一，能源产业内部各自为政，缺乏统一的总体规划和政策指导，相互协调困难；其二，政府能源管理职能分散，多头管理，政出多门，宏观调控乏力，管理效率低下；其三，能源统计跟不上形势发展，难以进行完整、准确的能源生产和消费基础数据统计，信息失真、缺失问题严重，影响国家能源宏观决策[①]；其四，能源战略管理和决策机制明显弱化，难以适应复杂多变的能源安全形势发展需要；其五，能源领域综合协调机制的缺乏，容易导致一些事关国家能源安全的重大决策无法出台。

第二，传统能源监管机构问题。近年来，在我国经济体制改革不断深入、政府职能适时调整的背景下，许多专业监管机构开始从传统行政机关中“整合”出来，逐步发展成具有独特的经济管理功能的机构，如银保监会、证监会、电监会等。一般认为，监管是与宏观调控相对应的政府职能，是针对局部个体的直接调整。监管主体是行业性的管理机构，横向方面有反垄断、环境保护、消费者权益保护等监管机构，纵向方面有能源、交通、文化、体育等监管机构；监管的客体是可竞争领域中从事特定行业、使用特殊资源、提供或者消费特殊产品和服务的企业与个人；监管的

① 郝霖，王阔．国家能源委员会成立：高规格构筑中国能源安全［J］．今日科苑，2010（5）．

最终目标是增进公共利益或私人利益，并避免或减少由个体经济决策带来的损害。我国能源行业监管在权力分配上的分削和审批，导致监管职能分散在政府多个部门，从而使得管理部门不够明确统一，职能分工过于分散，不同的部门职能存在交叉的问题。这容易导致对重大政策和战略问题缺乏深入研究和统一协调，能源行业各单位不仅要面对多个政府相关部门，存在环节多、部门多、效率低的问题，更严重的是，能源行业一旦出现问题和矛盾，部门之间就会相互推诿，责任主体缺位，中央政府很难追究责任。

第三，传统能源管理缺乏统一规划。合理规划是实现能源有效管理的前提，而我国能源管理体制虽经多次变革，仍未达成统一的格局。目前，我国能源各行业分工混乱、各自为政，存在职能交叉、能源产业分散、融合能力差、布局不合理等问题，造成了巨大的能源浪费。

第四，传统能源管理部门与垄断企业的矛盾突出。国有企业在能源产业中十分重要，有的能源行业形成了国有特大型企业寡头垄断的格局；有的企业就是由原政府主管部门改造而成，不仅具有很强的市场控制力，而且对决策具有较强的影响力。而作为主管部门的政府管理机构级别层次较低，调控能力弱，不能在能源行业内有效防范风险，及时化解矛盾。这种本末倒置的现象不能与国际接轨，能源利益与国家利益俱损。

第五，能源领域的市场化改革相对滞后。在煤炭、电力、石油等行业普遍存在垄断和竞争不充分的问题。市场竞争主体单一，市场秩序混乱，市场功能不完善，民营资本很难进入能源市场，煤炭等资源的终端消费价格过高。上述传统能源领域多存在环境污染严重、技术落后、改革难度大等问题。例如，在石油行业，我国相关立法工作仍待改进，行业中各方利益关系无法有效协调，对于海外石油开发项目的审批过程也较慢，难以在当前国际市场的激烈竞争中取得有利地位。在电力行业，我国电力市场化起步晚，发展慢，市场竞争主体改革相对滞后，存在电价形成机制不合理、电力资产利润率较低、燃烧技术落后而造成环境污染等问题。[①]

---

① 江书程. 能源安全呼唤管理体制变革［N］. 中国石油报，2007-03-07.

2.2.3 能源管制转向能源善治的动因

前文已经论及，能源管制主要落脚于管理层面，而能源善治则主要定位于治理层面，且是更好的治理。能源管制将政府作为唯一的治理中心，通过不断强化政府权力，遵循单一的权力支配过程①，力图以自上而下的政府命令管控的方式实现能源管理的目标；与之相对，能源善治在主体上是多元的，除了政府之外还有第三部门组织、企事业单位以及公民个人等，它以分权和共同合作为基本行为模式，在权力边界明晰的基础上，由多元主体通过协商、合作等方式参与能源政策制定、能源管理、能源运行监督等全过程，自下而上地推动能源善治的达成。显而易见的是，能源管制奉行的是国家至上的基本理念，以之为导向，国家权力超越一切其他权力并压制参与协商的生发，由此造就的全能型政府也往往是独断型、盲目型的，不利于能源事业的持续发展。能源善治则鼓励社会组织和公众的参与，这种参与并不是盲目的、绝对的，它针对的是政府权力无法全面涉及的社会事务部分，政府将部分权力适当地分配给社会组织和民众，由其参与能源治理的过程。从能源管制迈向能源善治之路是能源治理模式的重大变革，是从传统能源管制模式向多中心能源善治模式的过渡，它源于从计划经济向市场经济转型的强力推动，源于法治发展对于程序正当的追求，源于社会组织的发育和公民意识的逐渐觉醒等。

1. 经济转型为多元主体参与能源善治奠定基础

社会主义市场经济的发展不断冲击着传统中国的社会结构，社会公众的经济观念、政治观念、文化观念以及法律观念都在与其契合的进程中不断地延展和变迁，中国传统的政府单一制社会管理体制在潜移默化中开始向多元主体参与管理转轨。按照中国社科院陆学艺等学者的研究，中国社会出现了十大社会阶层，分别是国家与社会管理阶层、专业技术人员阶层、经理人员阶层、私营企业主阶层、产业工人阶层、办事人员阶层、城市失业半失业人员阶层、个体工商户阶层、商业服务人员阶层、农业劳动

① 李军鹏．推进社会管理创新的着力点［J］．中国领导科学，2011（6）．

者阶层。[①] 而这些阶层实质上正是社会主义市场经济发展所附生的多元利益主体，有着多元化的利益导向和多元化的社会需求。能源治理实际上也在市场经济的发展进程中生发着这一类型的变化，从改革开放之初简单的政府单一管制迈向了合作管理、多中心治理的变革道路。各类能源主体的不同利益需求在经济转型中的矛盾日益突出，传统社会中政府对于能源领域管理的绝对权威和一元中心整合机制失去了其赖以依存的社会基础，向多元转轨就正当其时。因此，这一能源治理的变革过程就依赖于多元主体的广泛参与，将自上而下的管理与自下而上的参与紧密结合起来，实现能源善治。

2. 法治程序的正当性追求为能源善治提供契机

法治所创设的是一种法的统治形式而非传统的人治形式，它既关注法的形式意义，更强调实质意义的法律至上、权力制约和权利保障。法治要求政府严格依法办事，通过法律的规范管理社会公共事务，维护正常的社会秩序。因此，能源的法治建设要求能源治理应以规范能源的秩序失衡和混乱为目标，以秩序和正义为基本价值取向，保障程序的正当性。法治视域下的政府能源治理践行秩序正当性的首要核心环节是政府自身的建设，防止权力寻租，实现对权力的制约，使能源政策回应社会公众的愿望和需求，体现社会公共利益的公益性，其重心就在于有效分权的实现。在能源问题越来越复杂、能源危机愈演愈烈的大形势下，从能源的政府管理向能源的社会共同治理转变，是提高能源治理效率、降低能源治理成本、改善能源治理服务、实现能源治理正当程序的根本要素。因此，围绕对能源法治程序正当性的追求，能源治理应当严格行为限定，防止权利或权力的滥用，实现能源治理的程序正当化以及能源治理严格依程序进行，这也是能源治理程序正当化的核心。基于此，实现能源治理程序的正当性，有利于保障能源多中心治理结果的正当性，保障各主体的合法利益，实现程序正义和法治化。

3. 社会组织发育和公民意识觉醒为能源善治提供条件

现代社会的管理和市场管理的特点是基本一致的。一方面，社会具有

---

① 陆学艺. 当代中国社会阶层研究报告［M］. 北京：社会科学文献出版社，2012：9. 郭云涛. 应加快我国能源管理体制改革［J］. 中国煤炭，2004（11）.

自发性，社会发展到今天，已经形成了一定的价值观和道德要求，甚至一些已经上升到了国家法律层面，社会可以实现自我管理、服务、规范以及调节；另一方面，社会公众力量毕竟是有限的，还需要政府提供公共服务，并依法对相应的社会公共事务进行规范和调节。[①] 正是在社会自我管理和自我服务的进程中，组织化开始逐步发育，社会团体、社会中介组织等第三部门组织逐步发育壮大，并以其组织化运行方式弥补了传统个体行为的弱势。截至2021年2月9日，全国各级民政部门共登记社会组织超过90万个，其中全国性社会组织有2292个，另外还有一些民间性草根组织。综观这些组织的发展历程，其基本上遍布我国经济发展的各行业和各领域，能源治理领域的社会组织包括上海能源合作组织、中国能源研究会等，能够有效地参与政府能源治理，弥补政府和市场失灵，促动能源善治的发展。

社会组织的发育为政府能源治理提供了合作的新主体，而公民意识的逐渐觉醒则从个体上为参与政府能源管理提供了条件。作为国家的基本单位，公民意识的觉醒主要在于公民有了参与政府管理的积极性和主动性，反映在能源领域即能够增加公民和政府在能源治理领域的互动合作。公民能够积极参与能源政策的制订、能源公共事件的处理、能源法律规范的制订等层面，为政府的能源治理活动建言建策，为实现能源善治奠定基础。

2.3 能源善治变革的内在逻辑

有学者认为，在人的整个活动过程中，政府稳定社会秩序的方式有三种：第一种方式是利用高压手段强制人们按照统治阶级的意志行事以稳定社会秩序，即强权政治；第二种方式是建立稳定、规范、合理的政治制度和经济制度、金字塔式的权力等级结构和组织体系，强调法律在调节社会关系中的重要作用，即法治；第三种方式则是通过伦理精神的张扬，让人们从心中向善而行来获得社会秩序，即德治。[②] 这三种方式实质上就是人类历史发展的三个阶段的治理境界，善治则表现为通过彰显公共性、倡导

---

① 王义. 从管制到多元治理：社会管理模式的转换 [J]. 长白学刊，2012 (4).

② 张康之. 道德化的政府与良好的社会秩序 [J]. 社会科学战线，2003 (1).

公共精神以实现社会管理，促进社会发展的新的治理模式。作为一种新的、多中心的治理模式，能源善治提供了能源治理操作、集体和分权三个层次的分析框架，打破了传统能源管制唯一权力中心的格局，形成了一个由多个权力中心组成的能源治理网络，共同承担能源公共管理和公共服务的职责。而在从能源威权式统治模式、管制型能源治理模式向多中心能源善治模式变革的过程中，实际上蕴含了从工具意义向责任意义转变、从威权统治向多元治理变革转变、从单向管制向回应社会转变的内在逻辑。

2.3.1 从工具意义向责任意义的转变

在传统政府治理视阈下，能源威权式统治、管制型治理实际上都是以政府为运转中心，将之作为一种工具和手段对某一区域整体范围内的能源问题进行统一支配和单向管制。“统治”“威权”和“管制”，究其实质而言都体现为管理、监管和公权力的运行，忽视了政府自身责任的承担。美国公共行政学家莫舍（Mosher）曾说：“在公共行政……的所有词汇中，责任一词是最为重要的。”① 传统公共行政基于政府与公众之间的实质性委托关系，包括政治责任和官僚（或管理）责任两种责任关系，“政治责任强调民选政府对选民负责；官僚责任则强调官僚组织对政府负责”②。换言之，建立在这一基础之上的管理组织首先的负责对象是政府而不是民众，这种官僚制度具有明显的间接性。这样一来，政府无须对民众做到公开、透明和回应，社会组织和公众的基本利益诉求因主体无法真正参与到决策和管理过程之中而未能实现，政府管理机构和民众之间实际上就形成了一道无法逾越的沟通边界。在传统能源管理过程中，会出现盲目追求眼前利益而忽略长远利益的情况，比如在采矿过程中“采富弃贫”的行为，采集富矿而放弃伴生矿，为了零星贵金属矿产而随意破坏草场的行为，弱化了整体利益、社会利益和生态利益，但由于民众缺乏参与的程序途径，无法针对这些行为进行监督和提出建议，而只能任由这些行为的放纵发展。

在管制型能源治理向多中心能源善治模式转变的进程中，公共行政进

① Frederick C. Mosher. Democracy and the Public Service［M］. Oxford University Press，1968：7.

② ［澳］欧文·休斯. 公共管理导论［M］. 彭和平，周明德，金竹青，等译. 北京：中国人民大学出版社，2001：22.

入全新的治理时代，首要的变化即为社会公众与政府关系的转变，政府开始接受公众参与和监督，转而寻求摆脱官僚的“间接性”，意识到作为能源治理的主体，应当对自身作出的行为向社会公众及利益相关者负责。基于此，政府多中心治理模式已经从外在的工具意义转化为其内在责任意义的显现。1982 年的“黑堡宣言”提道：“公共行政者必须负责任地作出回应，这就是说，对合乎宪法和法律的特定的正当要求作出回应……只有这样，它才能在回应这个词中体现最高层次上的负责任。”① 就具体责任形式而言，政府能源善治的公共责任应当包括“客观责任和主观责任”②。首先，客观责任包括政府能源治理的职责和义务。能源治理机构应当明确其义务以及建立在上下级关系基础上的职责体系，使其做到对能源公共利益负责，以完善的职责和义务体系保障能源治理的善性。其次，主观责任源于法律、社会和组织对公共行政人员的角色要求，当面对问题和事件时，应以特定的方式行事或寻求实现特定的目标。这种连续性和内部控制力量能够使公共行政人员以一种相对可预测的方式形成自由裁量权，公众也依此形成对公共行政人员的信赖。因此，从工具意义向责任意义的转变过程，有利于在能源治理结构之中扩大政府及其行政机关的责任，使其不怠于履行职责，更好地应对能源危机。

2.3.2 从威权统治向多元治理的变革

威权统治早期强调工具理性，即效率等，后期则强调价值理性，即民主、公平、正义等，而其所强调的都是一种无限的和绝对的理性，是英国学者柏林所说的理性一元论，极易导致思想上的“理性的自负”与“自由理想的失落”。③ 与威权统治相对，善治打破了传统统治要素中政府对公权力的绝对控制以及政府对社会公共事务管理的垄断，善治的主体不再局限于政府，政府只是其中的一元。而除政府之外，多元的善治主体还包括社

---

① ［美］加里·方斯莱. 公共行政与治理过程：转变美国的政治对话［J］. 中国行政管理，2002（2）.

② ［美］特里·L. 库珀. 行政伦理学：实现行政责任的途径［M］. 张秀琴，译. 北京：中国人民大学出版社，2001：63-79.

③ ［英］以赛亚·柏林. 反潮流：观念史论文集［M］. 冯克利，译. 南京：译林出版社，2002：15-16.

会组织、公民等。就另一向度而言，善治使得多元主体间相互独立、相互依赖的平等关系成为可能，改变了传统威权统治式政府处于科层制金字塔尖、对统治对象实施“控制—命令”的管制式治理关系。究其原因，与过去的封闭式、家长式社会相比，现代社会日益走向全球化、公开化、复杂化，政府很难像过去一样单纯地以其知识能力、管理工具和掌握的资源来独立解决整个社会公共事务中的所有问题，而需要依赖其他主体的参与和支持。同时，日益发展的社会组织和团体、公民力量的逐渐增大，也为这一行为的实现提供了可能。同时，社会组织和团体力量的不断发展壮大，实际上也从另一方面制约了政府对公权力的垄断，为抗衡政府的单向管制提供了能力支撑。社会组织和团体力量已经具备追求自身诉求、共同参与管理社会公共事务的能力，有利于更好地解决公共事务中的问题。

简言之，善治多元治理主体对公权力的参与和分配一方面对政府管制予以冲击，另一方面也用多元主体平等协商的关系替代了“控制—命令”的管制式关系。能源善治要求从旧式向新型的转变。现代化是一个集大成的过程，在这个过程中要时刻注意社会各个方面的均衡发展，以保证社会在发展过程中依然能够保持协调稳定。而以控制和争夺能源资源为中心的旧式现代化显然不符合社会前进方向，这种现代化将使得社会和自然出现不和谐甚至付出代价；而以人为本、人与自然双赢、人与社会双赢的新型现代化明显比旧式现代化更加符合社会未来发展的方向。这种新型现代化可以保证人与社会的协调与和谐，并把自然代价和社会代价减少到最低限度。现代化从旧式向新型的转变要求社会重构、个人重塑、个人与社会以及人与能源资源的关系重建。新的能源形势要求新的治理模式与之相适应，打破过去政府“家长式”、威权式统治与管制模式，代之以政府、社会组织、公众的多元治理模式。这既符合现代国家的治理理念，又符合能源的公共属性。因此，政府能源治理的运行视角也应从一元治理向多元治理过渡，以顺应社会治理发展趋势，实现从单向威权统治向多元治理的互动转变；同时，政府应加强与社会组织和公众的多元对话，提高其主观能动性，维护能源公共利益。

当然，在从威权统治向多元治理的变革过程中，其基本发展脉络大致如下：对于社会个体的角色而言，作为利益相关者，其逐渐改变消极的被治理的思想，转变为积极参与社会治理的主体；社会治理主体的多元化和权力的多中心化；社会治理结构由自上而下的垂直结构演化为多中心的、平权的网络结构，治理方式由集权转向民主；社会治理中的公共领域和私人领域之间的界限由清晰转向模糊。这一变革进程也使我们意识到，能源善治不仅应关注公权重新配置的有效形式，还应关注政府的治理成本，最大限度地弥补市场配置与社会管理的不足，其核心保障还在于法治，即能源多元治理的主体、内容、程序等都应是合法的，以法治促进能源治理从威权统治向多元治理的变革，推动能源善治结构的形成。

2.3.3 从单向管制向回应社会的转向

在《公共部门管理》一书中，美国著名管理学家格罗弗·斯塔林主张："回应意味着政府对民众对于政策变革的接纳和对民众要求作出的反应，并采取积极措施解决问题。"[①] 除此之外，一些学者也主张政府回应"就是现代政府公共管理的过程中，对公众的需要和所提出的问题作出积极敏感的反应和回复的过程"[②]。基于善治，政府的这种做法体现了其坚持民主、责任、合作、公正、服务的价值导向，它要求现代政府应有基于公共性的回应主动性；应摒弃传统的单一向度，实现多元主体的互动；应具有回应潜在需求的前瞻性；应具有实现公共利益最大化的目标导向等。事实上，自 20 世纪 60 年代以来，世界各国普遍存在官僚行政体制下政府回应社会能力严重不足而导致的治理危机，我国在政府管理特别是能源治理领域也存在着回应社会理念匮乏、回应社会制度缺失、回应社会方式简单、回应社会渠道不畅等回应社会能力弱化等问题。

我们知道，威权式能源统治模式与管制型能源治理模式遵循的是自上而下的集权式和官僚式命令传递的运行机制，通过政府机关发号施令、制定政策并执行政策，对于能源治理仍然实行单向管制活动。但在工业文明时代，工业社会的发展严重依赖能源的过量消耗，特别是化石能源等不可再生能源成为工业发展的根本。能源的消耗也随之造成大量污染物的排放，导致能源急剧消耗和生态环境日益恶化的双重危机。能源危机与生态

---

① ［美］格罗弗·斯塔林. 公共部门管理［M］. 陈宪，王红，金相文，等译. 上海：上海译文出版社，2003：132.

② 何祖坤. 关注政府回应［J］. 中国行政管理，2000（7）.

危机的扩张，使得能源治理回应社会需求的呼声越来越高。能源善治实质上是政府与其他治理主体间的平等、协商与合作，通过政府与公众之间的互动确立起在市场原则、公共利益和认同合作基础上的治理方式，其权力向度是多元的、自上而下与自下而上相结合的、回应社会的。

因此，在当下能源危机愈演愈烈、能源利益关系错综复杂的形势下，重视能源善治应当积极寻求回应社会。一方面，政府的能源治理不仅应关注能源的开发利用，更应关注能源的节约、综合利用；不仅应关注能源效率的发挥，更应关注与能源利用相伴生的生态破坏问题；不仅应关注国家能源供给问题，更应关注能源对公共利益最大化实现的支撑问题。另一方面，政府的能源治理应逐渐摒弃单一的管制模式，寻求治理主体的多元化，从传统的单向度回应变为多元主体的互动和回应；政府机构及其人员应当对民众的需求作出及时和负责的反应，并应定期、主动地向民众征询意见和解释政策。回应性越大，越说明政府重视公民的感受和意见；公民参与治理的程度越高，善治的程度也就越高。[①] 在能源善治的重要基础上，能源治理回应社会需求，与时俱进、创新开拓政府与社会公众的互动关系，增强社会的活力与创造力，提高转型时期政府回应社会的能力，实现能源善治。

---

① 俞可平．全球治理引论［J］．马克思主义与现实，2002（1）．

第3章 能源善治的价值与原则

法作为一种特定的社会规范，是人类文明发展到一定阶段的产物。法的价值问题旨在厘清法的存在目的或使命，只有当法能够实现这些目的时，它才具有价值。法的价值是一个目的论承诺，是法存在的功能和用途，在这样一个意义上，我们说法具有正义、自由、平等、秩序、效率、安全等价值，因为它们表达了法的存在目的和使用。[①] 在能源领域，如何合理地开发利用能源、节约能源和提高能效，确保能源安全和可持续发展，是世界各国所普遍面临的问题。基于善治理念的新模式，寻求实现能源善治的路径和方法，厘清能源善治法律制度需要达到的目的及价值趋向，实现能源善治，将会对能源法律的制度建构、规范设计起到积极的作用，这也是能源善治的目的追求。

法律是利益调节的工具，在一定程度上是平衡利益关系的产物。善治即良好的治理，是现代民主社会治理的最佳方式，其终极价值目标就在于通过实现法的正义、秩序、安全与效率价值，达到能源公共利益的最大化，有序地引导人们理性处理人与能源、人与自然的关系。

3.1 能源善治的价值

价值泛指客体对于主体表现出来的积极意义和有用性。善治是现代民主社会治理的最佳状态，是指整个社会管理活动及秩序维护可以耗费最少的社会资源获得最大限度的公共利益，实现公民社会与政府、市场三者的协同发展。[②] 善治立足于公民社会，探求作为治理主体之一的公民社会选择有利于社会治理的制度并限制政府权力，使其提供最好的公共产品和最

---

① 张祺．论法的价值共识：对当代中国法治进程中一个悖论的解决尝试［J］．法制与社会发展，2001（5）．

② 俞可平．治理与善治引论［J］．马克思主义与现实，1999（5）．

优的公共服务，以实现公共利益的最大化。能源善治延续善治理论的思想精髓，其价值是建立在善治意涵、理念和要素基础上的，以能源善治为价值理念，以公共利益的整体实现为价值追求，以能源正义、能源秩序、能源安全和能源效率的微观实现为价值定位，为了实现公共利益的最大化，完善创新社会管理模式、公众参与秩序和社会治理的制度建构。

法律的价值体现着法律的精神。价值理念是法律制度中的重要组成部分，在善治理论中，它强调公共物品供给主体的多元化、公共过程的法治化，除此之外，还强调公共管理的合法性、责任性、透明性、回应性以及有效性。价值既反映人与外界的关系、人的实践活动的目的和动机，又体现客体的有用性和满足主体现实的需求。法的价值是以法与人的关系为客观基础和存在依据，是法对于人的需求的满足，是法的“绝对超越指向”。“只要正确地理解价值讨论的潜在意义，那么这类价值讨论不仅是有意义的，而且具有最大的实用性。”[①] 法律的价值作为社会价值中的子系统，体现着法律的精神。虽然不能说对法律价值的研究是法律人文精神的归宿，但可以确定地说，它是法律人文精神研究走向深入的一种逻辑必然。从哲学意义上看，价值是一个表征关系兼具意义的过程。[②] 针对能源善治法律制度的价值取向，深入探究其为什么存在，以什么样的价值形式存在，在此基础上，再作出何种更为科学合理的安排，是本章着重探讨和研究的问题。

3.1.1 能源正义

正义是一个古老而又常新的话题。美国统一法学的代表人物之一博登海默用一种似乎诙谐的口吻说：“正义有着一张普洛透斯的脸，变化无常，随时都可呈出不同形状并具有极不同的面貌。”[③] 休谟认为，正义起源于自然资源的有限性和人类的有限同情心，乃是为了弥补自然与人性的这种不足而产生的人为之德，是一种划分财产权利的道德规则。日本著名法律社

---

① [德] 马克斯·韦伯. 社会科学方法论 [M]. 杨富斌，译. 北京：华夏出版社，1999：83.

② 秦鹏. 资源循环利用法律制度研究 [M]. 北京：光明日报出版社，2010：96.

③ [美] E. 博登海默. 法理学：法律哲学与法律方法 [M]. 邓正来，译. 北京：中国政法大学出版社，1999：252.

会学家川岛武宜主张："法律所保障的或值得法律保障的（存在着这种必要性）的价值，我们将其称为'法律价值'……各种法律价值的总体，又被抽象为所谓的'正义'。"①

正义是社会的首要价值，"是一个历史的范畴，是随着社会的发展变化而发展变化的"②，"要实现社会正义，关键在于解决分配正义的问题"③。"分配正义的实质在于：如何通过构建稳定合理的秩序，使人们能够在平等的状态下追求幸福的生活。"④ 分配正义是一个过程而不单单表征为一个最终结果，它主要涉及如何在人们中间分配资源、机会、财富的过程及结果问题。⑤ 能源相对于人类的需求来说是有限的，如何满足社会主体的需求，使当代人之间、当代人和后代人之间公平地享有能源资源，实现能源分配的代内公平和代际公平，是能源正义的价值所在。英国著名政治哲学家戴维·米勒指出："当我们说社会正义与一个社会如何把利益和负担分配给个人的方式有关时，我们千万不能过于从字面上来理解'分配'。具体说来，我们务必要避免那种认为存在着把资源定额地分配给人们的某些核心机构的想法。毋宁说，我们所关心的是社会制度和实践结合在一起影响不同的人们享用可获得的资源的方式，换句话说，我们所关心的是罗尔斯所谓'社会基本结构'的分配效应。"⑥ 简言之，实现正义的前提是需要相应的制度来予以保障，否则就无法安身立命，更不用谈功能的发挥了。"设计良好的制度与规则会产生一个有效率的、增长迅速的、生活水平不断提高的社会，设计不良的制度和规则会引起停滞，甚至衰退。"能源善治的内在制度组合优化，汇集成一种全新的能源管理形式，成为我国当前和今后一种实现公共利益最大化的理想模式和状态，需要经历一个曲折而漫长的过程。

---

① ［日］川岛武宜．现代化与法［M］．申政武，王志安，渠涛，等译．北京：中国政法大学出版社，1994：246.

② 谢鹏程．基本法律价值［M］．济南：山东人民出版社，2000：57.

③ 姚大志．分配正义：从弱势群体的观点看［J］．哲学研究，2011（3）.

④ 周谨平．机会平等与分配正义［M］．北京：人民出版社，2009：92.

⑤ 张怀民，杨丹．论分配正义：以"资源—机会—财富"为框架［J］．学术交流，2013（3）.

⑥ ［英］戴维·米勒．社会正义原则［M］．应奇，译．南京：江苏人民出版社，2008：14.

西方国家的有些做法值得我们借鉴。例如，社会保障制度较为健全的英国在1996年仍有500万人处于“燃料贫困”的境况。但工党政府不断进行能源改革，有力推进能源政策，尤其是2001年出台的《英国燃料贫困战略》发挥了积极的作用，到2004年，处于“燃料贫困”的人数已下降到120万人。然而，据英国2009年燃料贫困年度报告数据显示，英国能源价格持续走高，到2007年，英国又连续三年出现“燃料贫困”、人口不减反增的情况。① 为解决这个问题，自2008年开始，英国政府开始号召有社会责任感的能源供应商向燃料贫困家庭提供援助，并与之达成资源协议，提供能源保障。政府并没有直接对能源市场价格进行压制，而是通过一系列政策的设计、安排和颁布，赋予供应商在英国电力、天然气办公室的监督下选择援助的目标群体、援助水平以及能源援助种类的权利。此外，为保障分配的公平性，英国政府设立了协调机制，按能源供应商在能源市场上占有的份额进行分配，以保证价格支持的公平性。②

资源分配正义作为社会正义的重要组成部分，其产生的效果直接关系到良好的社会秩序和人民对美好生活向往的实现。对于这种社会利益的分配形式，诺齐克认为应该遵循“自由主义优先”的原则。如果选择机会的结果是在自由和权利下的，那么这种分配就是正义的模式。在罗尔斯看来，要遵循“差异原则”。如果选择的机会不仅能提高社会福利，还能改善“最弱势群体”的处境，那么这种分配就是正义的模式。在德沃金看来，应该遵循“资源平等”的原则。如果选择的机会能够通过“虚拟拍卖”和“虚拟保险市场”调和分配过程中的平等和责任，那么这种分配就是正义的模式。在阿马蒂亚·森看来，应该遵循“能力平等”的原则。如果选择的机会能把人际差异的不平等消除到最小，那么这种分配就是正义的模式。事实上，无论是何种模式，他们都主张个人的权利和责任应该是在平等起点的基础上适应机会之后的行为。③

人是由不同的“物料”构成的，所以人具有天然的品质、能力和地

---

① The UK DECC. UK Fuel Poverty Strateg—7th Annual Progress Report，2009 [R]. London，2009：7-9.

② 杨泽伟. 发达国家新能源法律与政策研究 [M]. 武汉：武汉大学出版社，2011：9.

③ 吕江：社会秩序规则二元观与新能源立法的制度性设计：以英国《2010年能源法》为例 [J]. 法学评论，2011 (6).

位，承担着不同的职位和分工。正义在于使每个人的品质、能力、地位、身份和贡献等于所分配的机会、财富和权力。“给予人们他们应该得到的东西，拒绝给予他们不应该得到的东西。”① “在进行分配时，同等的情况必须被同等地对待，不同等的情况必须按照不同的程序被不同等地对待。因此，那些需求较大的人应该得到较多，较强壮的人应该承受较重的负担，这是公平的。随之而来的是，当现存的分配不公平时，重新分配就被证明为正当。”② 能源善治就是要在这样的理念下探求一套有效的能源管理办法，实现能源正义。

能源是人类社会赖以生存的物质基础。我国属于公有制国家，能源归国家所有。在能源资源的占用和分配上，政府和部分垄断能源企业具有天然的优势，在资源利用和再分配问题上，要实现利益均衡和社会公正，必须依靠健全和完备的能源管理制度来保证能源资源在人与人之间实现公平合理的分配。

政府是善治的当然主体，也是能源善治的核心主体和关键主体。美国公共行政学家莫舍明确阐释：“在公共行政……的所有词汇中，‘责任’一词是最为重要的。”③ 要实现能源善治的正义，政府应当负起责任，从全体公民的立场和角度出发，通过科学理性的手段和方法合理优化配置能源资源，为个人、企业、社会组织、民间团体公平提供均等的发展机会，最大限度地发挥自身的潜力和能量，使其不再抱怨因起点不同而导致的结果各异，这样既为社会的和谐发展做出应有的贡献，又充分实现了个人或团队的价值。每个人、每个单位都在遵纪守法的前提下积极主动地将自身的利益最大化④，这是能源善治的理想状态之一。对于正义的具体内涵，罗尔斯在其《正义论》一书中为我们进行了详细的论述和精细的论证，具体表述可见罗尔斯的全面而系统的两个正义原则的内涵。当然，从理论上的分

---

① ［英］亚当·斯威夫特．政治哲学导论［M］．萧韶，译．南京：江苏人民出版社，2006：13.

② ［英］米尔恩．人的权利与人的多样性［M］．夏勇，张志铭，译．北京：中国大百科全书出版社，1995：60.

③ Frederick C. Mosher. Democracy and the Public Service［M］. Oxford University Press，1968：7.

④ 李以所．论善治政府的基本内涵［J］．理论导刊，2012（8）.

析到实践中的操作难免会有一些差距，但我们应当看到，能源善治的正义的实现肯定需要一个过程，希望我们的思路能为以后的实践带来更多的启迪。

3.1.2 能源秩序

秩序是有关人与事物行为准则的综合。究竟什么是秩序，学者们有过不同的论述。哈耶克认为："社会生活显然存在各种秩序、某种一致性和某种恒久性，如果社会生活中不存在秩序，那么任何人都不可能有能力做好自己的事情或满足自己最基本的需求。"[①] 美国社会科学家库利将秩序与自由联系起来，他认为秩序意味着自由，它不仅是自由的前提，而且本身就包含着自由。"自由只有通过社会秩序或在社会秩序中才能存在，而且只有当社会秩序得到健康的发展，自由才可能增长。只有在构造较为全面和较为复杂的社会秩序中，较高层次的自由才有可能实现，因为没有别的途径为众多的人提供有利于自己和谐发展的机会。"[②] 弗朗西斯·福山表达了同样的看法："人类本性就有为自己创立道德准则和社会秩序以求自由的功能，因为没有规范的失范状态令人感到很不舒服。"[③] 按中国传统的解释：秩，常也；秩序，常度也。按现代的解释，秩序是人和事物存在和运转中具有一定的一致性、连续性和确定性的结构、过程和模式等。[④] 由此可见，追求自由是人类的本性，人类寻找秩序就是追求自由的一种体现，而自由本质上就有秩序的内涵，正如西方学者所言："与法永相伴相随的基本价值，便是秩序。"

秩序作为人类社会活动中所遵循的行为准则和规范，一般通过法律的形式加以表现。博登海默曾说过："'秩序'这一术语将被用来描述法律制度的形式结构，特别是在履行其调整人类事务的任务时运用一般规则、标

---

① ［英］弗里德利希·冯·哈耶克．法律、立法与自由：第一卷［M］．邓正来，张守东，李静冰，译．北京：中国大百科全书出版社，2005：54.

② ［美］查尔斯·霍顿·库利．人类本性与社会秩序［M］．包凡一，王源，译．北京：华夏出版社，1999：278.

③ ［美］弗朗西斯·福山．大分裂：人类本性与社会秩序的重建［M］．刘榜离，王胜利，译．北京：中国社会科学出版社，2002：176.

④ 卓泽渊．法理学［M］．北京：法律出版社，1998：106.

准和原则的法律倾向。”① 秩序作为法的最基本的价值，是法的其他价值的基础。② 在我国《法学词典》和《中国大百科全书·法学》中，法律秩序大致有这样的描述：“法律秩序是由法确立和保护的人与人相互之间有条不紊的状态。”③ 按照传统法学观点，法律秩序只是社会秩序的一部分，是被法律所规范、维护和保护的社会秩序，是法定化、特定化的社会秩序，是由法律所确认和保护的人们互动的有条不紊的状态和结果。法律秩序包括法律所确认和保护的经济秩序、政治秩序、文化秩序、行政管理秩序和其他社会公共秩序，人与自然之间的秩序除外。④ 善治理念下形成的能源管理秩序观认为，在有序的能源生产、流通、消费和再利用秩序的基础上，建立能源善治的特有范式，不仅包括人类社会内部人与人之间的有序，更是人类社会外部人与自然之间的有序，这是能源善治原理的重要内容。简言之，能源善治的秩序不仅体现在能源的“人域”秩序，更重要的是建立人与自然和谐的“人际”秩序。

随着人类社会的发展，为维护社会秩序稳定，法律被创造出来。从能源法主体的需求来说，秩序是永恒的，是必不可缺少的。所以，人类社会必须要以一些有目的的法律去限制甚至惩罚违背人类社会整体资源利用需求的行为，来维护人类社会的正常生活。实现人与自然的和谐共处和人类社会的永续发展，尊重和顺从自然秩序是必备条件，所以对秩序的渴望已成为人类社会最基本价值的追求之一。

能源善治法律制度作为能源资源法的有机组成部分，应倡导改变传统的人与自然对立的发展机制，发展建立人与能源资源和谐相处的法治秩序，建立人与人、人与自然和谐相处的发展机制。在能源善治的理念下，从长远利益出发，理性对待自然能源的开发和利用，特别是石油、天然气等不可再生资源，全面勘察，合理规划，由单一的代内公平转向代际公平，由追求经济的绝对高速发展转向可持续发展，寻求替代能源和可再生能源，如太阳能、风能、生物质能等。围绕人类和生态环境、当代人与后

---

① ［美］E. 博登海默. 法理学：法哲学及其方法［M］. 邓正来，姬敬武，译. 北京：华夏出版社，1987：206.

② 秦鹏. 资源循环利用法律制度研究［M］. 北京：光明日报出版社，2010：119.

③ 法学词典［M］. 上海：上海辞书出版社，1984：621.

④ 卓泽渊. 法律价值［M］. 重庆：重庆大学出版社，1994：115.

代人的共同利益而构建相应的法律体系，维护人与自然的有序性。

从某种意义上讲，人与自然之间存在相互的依赖性，要求人类应当担负起义不容辞的使命，通过理性的认识把握生态文明的发展规律，通过制定法律来调整自己的行为，形成一种人与自然和谐相处的关系。“人与自然的关系，既不单纯是人运用工艺去改造自然，也不单纯是以一定的价值观念为指导去对待自然。”[①] 真正改变人与自然的关系，还是要靠人与人之间社会关系的变迁。在各国的能源立法中，能源领域秩序建立的关键在于找准在能源问题上政府与市场的界分[②]，以及治理主体多元化的制度治理模式。“人们对于深嵌于社会秩序之中的大多数特定事实所处于的上述那种必然无知的状态，乃是我们认识社会秩序这个核心问题的根源。”[③] 我们应当看到，当前社会存在着一种政府对市场的过度干预的倾向。因此，克服人的理性之不及才是解决市场问题的关键。“理性的使命之一，就是要确定理性控制的范围或限度，或者是要确定理性应当在多大程度上依赖于它所不能完全控制的其他力量。”[④] 政府只有在“市场失灵”时，对能源市场才能进行适度、有限和辅助性的干预。因此，“对政府在实施行为规则方面所具有的强制功能，与它在只需管理那些由其支配的资源方面所具有的服务功能之间作出界分，具有根本的重要意义”[⑤]。

为此，“我们决不能把公众的主要关注点引向特定且已知的需求，而必须将其指向那些维护自生自发秩序所需要的条件，因为这种自生自发的秩序能够使个人以权力当局所不知道的各种方式满足自己的需求”[⑥]。这时能源法的秩序价值就显得特别重要，它能规范社会利益各方获取利用资源的方式；否则，一旦进入能源利用的无序状态，人类的能源将出现短缺甚

---

① 张仁尚．社会历史哲学引论［M］．北京：人民出版社，1992：119.

② Dieter Helm. Rethinking the Economic Borders of the State—Ownership，Assets，and Competition［J］. Oxford Review of Economic Policy，2015（2）.

③ ［英］弗里德利希·冯·哈耶克．法律、立法与自由：第一卷［M］．邓正来，张守东，李静冰，译．北京：中国大百科全书出版社，2000：9.

④ ［英］弗里德利希·冯·哈耶克．法律、立法与自由：第一卷［M］．邓正来，张守东，李静冰，译．北京：中国大百科全书出版社，2000：33.

⑤ ［英］弗里德利希·冯·哈耶克．法律、立法与自由：第一卷［M］．邓正来，张守东，李静冰，译．北京：中国大百科全书出版社，2000：69-70.

⑥ ［英］弗里德利希·冯·哈耶克．法律、立法与自由：第二、三卷［M］．邓正来，张守东，李静冰，译．北京：中国大百科全书出版社，2000：3.

至枯竭，必然引起市场的混乱，引起不同利益群体之间的能源投资利益争夺，而政府根本无力去平衡如此众多的利益纷争。即便政府穷尽各种手段平衡了所有利益群体的要求，也只不过是造成一种妥协，由自然市场自生自发的秩序往往也将在不同利益的平衡中扭曲变形，能源市场最终将会逐渐失去发展空间。

在这一方面，应该说哈耶克的社会秩序规则二元观对构建能源善治的人域秩序价值提供了借鉴。他提出秩序、规则（“内部规则”与“外部规则”）和理念，为市场与政府在能源发展上的角色定位厘清了思路。借助这一理念建立行之有效的能源善治法律制度，将哈耶克的双重理念融入能源管理利用的实践，我们从中可以看到政府不是唯一提供公共服务的主体。“即使事实上只有政府才有能力提供特定的服务，我们也没有理由因此而禁止私营机构去尝试和寻求其他的方法，亦即在不使用强制性权力的情况下提供这些服务的方法。”①

当然，秩序的需要有时与自治的需要不一致，并且社会将被削弱秩序的离心力和破坏自治的向心力所支配，这时就需要政府努力平衡这两种力量。当向心力指向有序性过强时，应强调自主性；当向心力指向自主性过强时，应强调有序性。如果向心力太强，不仅社会成员的自主性会萎缩，社会关系也会被破坏——社会义务会变成强加的义务，更多的人会转向社会的对立面。如果离心力过大，不仅整个社会的服务会变得稀缺，而且人的自主性也会下降，因为人的自主性需要从社会群体那里获得基本需求。在这种情况下，社会的两股力量在相互促进的同时转变为相互敌视。当共同纽带牢固甚至具有压迫性时，就需要更多的个人自主权。

总之，无论是能源“人际”秩序，还是“人域”秩序，在维护的过程中，能源资源法律应起到一个坚定的导向与保障作用。要实现这一点，当务之急应当构建能源善治法律制度。法律作为上层建筑，应随着社会物质实践的变化而不断调整和创新。为了人类社会的永续发展，能源善治法律制度在把能源“人域”秩序作为主要价值目标的同时，将人与自然的关系也纳入了它的调整范围，称之为“人际”秩序。体现人与自然和谐关系的理念在越

---

① ［英］弗里德利希·冯·哈耶克．法律、立法与自由：第二、三卷［M］．邓正来，张守东，李静冰，译．北京：中国大百科全书出版社，2000：339．

来越广泛的范围内进入了能源基本法的视野，并将越来越深入地渗透到能源的立法与实践中去，否则法规则只能是空中楼阁、镜花水月。

3.1.3 能源安全

“秩序的核心是安全”①，而“安全”则是“秩序”所包含的实质性价值。② 安全是一种实质性价值，“安全同法律规范的内容紧密相关，它们所关注的乃是如何保护人们免受侵略、抢劫和掠夺等行为的侵害，再从较为缓和的角度来看，它们还可能关注如何缓解伴随人的生活而存在的某些困苦、盛衰和偶然事件的影响”③。德国自然法学家普芬多夫认为：“国家的使命是保护人类的秩序和安全。”④ 英国著名法学家、哲学家边沁也提出：“政府及其立法应达到以下四个目标，即公民的生存、富裕、平等和安全。其中最重要的是安全，包括保护公民的人身、荣誉、地位、财产及法律所规定的各种期望的安全。”⑤ 能源善治中的安全是一种能源安全观，是针对未来能源风险而言的。与政治、经济、军事安全一样，作为国家安全的重要组成部分，能源安全不仅仅是一个区域的经济发展问题，更是人类生存的基本条件不受威胁的保障。提出“能源善治”这一新的概念，充分表明人类对能源所引发的安全问题的担忧，能源善治安全观拓宽了传统法学的安全观的内涵，丰富了它的外延。

1. 安全理念及其在制度层面的诠释

从法律的角度看，法律本身是追求和平与安全的产物，同时又担负着维护人类生活安全与和平的历史责任，“法律安全性所指向的定向物为人们应当拥有的人的权利和法定享有的权利”⑥，正如法哲学家雷加森斯·西克斯所言：“安全是法律的首要目标和法律存在的主要原因……如果法律

---

① 张文显. 法哲学范畴研究［M］. 北京：中国政法大学出版社，2001：197.

② 北京大学法学院. 价值共识与法律合意［M］. 北京：法律出版社，2002：122.

③ ［美］E. 博登海默. 法理学：法律哲学与法律方法［M］. 邓正来，译. 北京：中国政法大学出版社，1999：196.

④ 《中国大百科全书·政治学》［M］. 北京、上海：中国大百科全书出版社，1992：285.

⑤ 《中国大百科全书·法学》［M］. 北京：中国大百科全书出版社，1998：22.

⑥ 胡亚球. 程序安全：程序价值的新视角［J］. 中国法学，2004（5）.

秩序不代表一种安全的秩序，那么它就不是一种法律。”①

由此可见，虽然人们对法律安全价值的理解和重视程度有所不同，但安全作为一种法律的价值却是不争的事实。历代法学家之所以把担保放在如此重要的位置，是因为担保与法律秩序的形式结构密切相关。因为法律的价值是由许多要素构成的，在社会发展的每个阶段和每个特定时期，总是有一种价值处于首要地位，另一种价值处于次要地位。但是，这并不意味着首要价值是排他的，而次要价值是不重要的；也不意味着首要价值在所有法律领域和法律运作的各个方面都是绝对领先的，而其他价值则是绝对从属的；更不意味着首要价值的地位永远高于其他价值。② 能源安全在目前这种严峻形势面前跃居法的首要价值，具有极深的用意和内涵。这也足以说明安全作为法律基础性价值之一的重要地位。因此，法律对安全的要求不仅在于创造一种“安全状态”，更在于创造一种“安全心态”，实现人们的安全需求。一方面，安全具有秩序的形式结构意义；另一方面，安全具有正义的实质内容意义。这两个方面反映了安全的手段价值（秩序）和目的价值（正义）。③

2. 能源危机：安全理念的变革与发展

随着社会生活的变革，人们对安全价值的追求不断发生变化。自工业革命以来，能源安全中的石油安全问题受到大多数人的关注。虽然能源安全还包括核安全、供电安全等其他种类的能源安全，但石油供应安全迄今仍然是资源能源安全同有的基本内涵。④ 例如，在第一次世界大战期间，为了保障战时石油供应充足，英国政府成立了皇家石油供应委员会。第二次世界大战期间，能源资源成为影响国家战略全局甚至决定国家命运的重要因素。但是，当时的能源安全重点在军事安全上，以保障经济发展为目标、以稳定能源供应为核心的能源安全问题则出现在第一次石油危机之后。⑤ 1974 年 11 月国际能源署（International Energy Agency，IEA）成立时，提出了以稳定原油供应和价格为核心的“国家能源安全”概念，能源

---

① ［美］E. 博登海默. 法理学：法律哲学与法律方法［M］. 邓正来，译. 北京：中国政法大学出版社，1999：196.

② 张文显. 法学基本范畴研究［M］. 北京：中国政法大学出版社，1993：251.

③ 秦鹏. 生态消费法研究［D］. 重庆：重庆大学. 2006.

④ 肖国兴. 论能源法的理性及其法律逻辑［J］. 中州学刊，2007（4）.

⑤ 赵宏图. 全球能源安全对话与合作［J］. 现代国际关系，2006（5）.

供应安全逐步成为西方国家能源政策的重中之重。冷战结束后，国家安全不再局限于传统意义上的军事安全和政治安全两个方面。站在国家的战略角度来看，能源安全是一种与以军事安全为核心的“传统安全”相对应的“非传统安全”，涉及一国的政治安全、经济安全、主权安全、环境安全，对社会生活的诸多方面产生了深刻的影响。在当今以和平和发展为主题的全球化进程中，“传统安全”的地位相对下降，而作为“非传统安全”的能源安全问题受到了越来越多国家的关注。[①]

受功利主义的经济观支配，传统能源法以巨额补贴促进化石能源发展，反映了高碳经济时代的特征，即“石油和煤炭工业被看作经济进步的关键而并非威胁到我们未来的时代”[②]。在我国，有的学者认为，能源安全是国家安全体系的重要组成部分。它是指一个国家拥有主权或实际可控的、可利用的能源资源，能够在数量和质量上保证其在一定时期内的经济需要、国际竞争需要和可持续发展需要。稳定的能源供应和合理的能源价格是能源安全的核心问题。根据《中国国土资源安全状况分析报告》：从长远和全球的观点来看，能源安全问题就是石油安全问题。所谓石油安全，就是在数量和价格上保证能够满足经济社会可持续发展需要的石油供应。目前，我国石油安全的三大要素是：我国油气资源及国内生产、需求和进口；世界石油供需和价格变化能否满足我国内需；基于国内外供需的石油安全对策。[③] 就我国能源资源而言，为了保证能源的长久充足供应，我国能源管理采取了诸多措施，如优化能源结构，健全市场机制；鼓励能源科技创新；设计合理利用制度、清洁生产制度、生态消费制度、循环经济制度等措施。这表面上看是对个体经济和能源消费的干预和调整，其实质是对传统安全价值理念的突破和发展。

自20世纪80年代以来，面对全球变暖和大气污染日益加剧的局面，国际社会开始以可持续发展的眼光来重新审视能源安全问题，能源环境安全越来越成为各国安全战略中的重要组成部分。自中华人民共和国成立以

---

① 杨泽伟．我国能源安全保障的法律问题研究［J］．法商研究，2005（4）．

② ［美］莱特斯·R．布朗．B模式：拯救地球　延续文明［M］．林自新，暴永宁，译．北京：东方出版社，2003：70．

③ 《中国国土资源安全状况分析报告》课题组．我国能源问题的核心：石油安全［N］．中国国土资源报，2005-11-21．

来，中国能源安全观也经历了从最初的“自给自足”安全观、“供应”安全观，再到目前的“开源节流”安全观。能源安全观的变迁反映了不同的能源需求和供给、能源环境状况以及人们对安全的心理体验。与传统的能源安全观相比，能源管理善治在关系到能源本身安全的同时也关注因能源开发利用不当而产生的生态安全、环境安全等问题。随着能源善治的不断深入推进，我国能源安全的含义将进一步延伸，内容将进一步拓展，其先进的理念必将带来对能源领域的冲击和影响。

3. 能源安全：能源善治视域下的安全理念

所谓能源安全，是指在国家经济发展的一定时期内，保障能源及时、足量、持续地满足国民经济和社会发展的需要，并且保持价格的可接受性、发展的可持续性和国家政治的稳定性，是一个关系经济与社会稳定、健康、协调发展的重大问题。随着善治理念的丰富和发展，善治视角下的能源安全概念包括三个基本内容：能源供应安全、能源使用安全和能源环境安全。其中，所谓能源供应安全，是指能源供应保障的连续性和稳定性，以满足国家生存和发展的正常需要。所谓能源使用安全，即能源的消费和使用不应对人类的生存和发展环境构成任何威胁。能源安全是供应安全和使用安全的有机统一。从本质上讲，能源环境安全是能源生产和消费引起的外部问题。因此，三者互相关联，互为融合，共同构筑了能源善治视域下的能源安全观。

在能源善治理念的引导下，各国能源发展战略都增加了有关生态环境保护的要求，能源的使用不应对人类自身赖以生存的生态环境构成大的威胁，这一观点成为大多数国家的要求。能源供应、能源使用和环境质量已成为保障国家能源安全的三大基本要素。其中，能源供应安全是能源安全的基本目标，是“量”的概念；能源使用安全是能源安全的更高目标，是“质”的概念；环境质量安全是环境处于无污染、无破坏的安全状态，或者国家和世界处于良好的状态，没有环境污染和破坏的危害。[①] 近代工业文明以来，人类掠夺式的能源开发和利用活动已经威胁到生态系统支持生命的能力。人类获取能源的活动在取得物质文明进步的同时却陷入了生态环境恶化的危机。如果人类继续一味地盲目追求经济的发展，无节制地掠夺和消耗能源，肆意地

① 蔡守秋．论环境安全问题［J］．安全与环境学报，2001（5）．

向自然排放污染废弃物，能源资源就会进一步短缺，生态环境将会继续恶化，生态系统将难以承受，势必造成能源安全风险，使人类的生存和发展处在一种危险的境地。因此，表面上，能源善治设置的能源节约与环境保护制度、能源市场管理与监督制度、能源战略与规划制度等，看似是对能源活动的干预和调整，其实质是法律对传统安全价值观念的突破和发展，是对社会整体安全的维护和追求，是人类在付出无数代价后的一次认识飞跃。如果没有良好的能源治理，那么人类将失去生存和发展的自然基础，造成生态家园的灾难。面对这样的灾难，任何个人的安全和利益都会消失。

能源安全这一概念的提出，拓宽了传统法学和安全观的内涵，反映了人类对能源安全问题的关注，使能源安全观有了更高层次的拓展。当然，事物的双重性使我们看到善治视域下的能源安全理念也包括消极与积极两个层面。从消极层面上看，政府和各能源主体应抑制能源活动中各种不协调的因素，控制能源的过度开发，抑制不公平的能源分配和不合理的能源消费，防止能源的破坏和环境的污染等。从积极意义上分析，这一理念保障了人与自然的协调发展，使人类社会建立了一个安全稳定的能源环境，有完备的能源储备与应急预案，以预防为主的原则，将各种能源隐患和威胁因素消灭在萌芽阶段，达到能源供给充足、使用合理、能源环境良好的和谐状态。从环境资源的角度看，能源安全在很大程度上是动态发展的，在实践中要避免能源安全的短视行为，重视能源系统安全系数。

能源不仅是人类的共同财富，也是一个国家主权的根基。虽然各国对能源安全的看法不尽相同，但能源安全涉及一国的政治、经济、主权和环境安全的观点是一致的。如果说能源安全是“一种来自内外威胁的可靠、持续供应的保障状态”，那么对于大多数国家来说，能源安全“首先是指保证外部能源长期不间断供应，以满足国内经济发展的需要”。能源安全源于石油供应安全。尽管核安全、电力供应安全等因素各不相同，但到目前为止，石油供应安全仍然是能源安全的一个自变量，是所有能源对策的首要目标。中国也是如此。不难看出，现代社会的能源问题归根结底是一个政治或主权问题，是决定国家兴衰的重要因素。[①] 只有国家才能保障能

① ［美］曼库尔·奥尔森．国家的兴衰［M］．吕应忠，陈槐庆，吴栋，等译．北京：商务印书馆，1996：3.

源安全，国家应该通过政府的管理和调控来实现。无论政府规模大小，一个有效的政府尤其是强调市场化的政府，始终是能源善治与安全理念的根本依托。

在能源善治法律视域下，政府应发挥宏观调控职能以及非政府组织和公众的作用，加大资金投入以加强节能技术的研发和推广，支持、促进相关企业提高能源利用效率，节约资源，降低单位国内生产总值能耗；加强对公共能源资源的统一管理，在明晰能源产权的基础上，强化产权管理，确立所有者、开发者、管理者和利用者各自的责权利关系，实现多元治理，保证能源的合理和高效利用。坚持“污染者和使用者付费”原则，引入市场管理机制，对开发者征收资源税，取消对使用者的不合理补贴，对污染者征收环境税（费）①，对新能源的开发使用实行税收减免鼓励政策。通过宣传教育提高全民的能源安全忧患意识，培育节能理念和绿色低碳的生活方式，倡导适度消费。

3.1.4 能源效率

能源消耗和生态破坏与人类的经济活动相伴而生，但自始至终都存在着一个能源利用效率低下的问题。经济学从能源失序的角度分析其原因在于能源失序的外部不经济性，而市场不能将其社会成本内部化，从而出现了所谓的“市场失灵”，即市场在资源配置上的无能。随后，政府干预便应运而生，政府的有限理性和内部集团的政治及利益斗争，“由行政力供给资源，资源争夺的战场将从市场转向政府部门，必然产生政治腐败，造成资源配置更大的浪费”②。能源法就是维持和增进一种适宜人类生存的良好环境，弥补市场在资源配置方面的无效率和政府能源管理的低效率。要解决这些问题，必须通过能源法来规范政府对能源市场的干预，其中之一就是要注重效率原则，确立效率价值，最大限度地降低管理成本，转变政府职能，健全职责体系，提高办事效率。

善治理念顺应了能源形势的发展，丰富和创新了能源效率价值观的内

---

① 陈德敏．挑战与策略：中国资源安全法律保障研究［M］．北京：法律出版社，2005：75．

② 吴志良．财产权与环境保护［A］．2000年全国环境资源法学研讨会论文集：下册［C］．2000：392．

涵。一方面，打破了传统意义上的节能减排提出的减少工业生产中的“三废”（废固、废液、废气）排放（其中的废气多指二氧化碳等工业生产尾气），注入了碳减排的理念，使节能减排的概念更为清晰完善，丰富了节能减排的内涵；另一方面，在工业生产和其他能源活动中，注重能源节约、降低能源消耗，以相同的能耗产生更大的经济效益和社会效益。另外，要求生产者提高“三废”的综合利用率，围绕节能降耗、增效、减污目标，积极实施清洁生产，转变传统落后、粗放的生产方式，逐步向高效益、高科技、高品位的方向发展。例如，考虑设立配套企业以形成完整的循环经济体系，实行工业用水闭路循环，做到废水、废气、废渣综合利用不外排，产品回收增值，使再生资源被充分利用，以最大限度地实现物质能量梯次和闭路的循环。①

市场作为能源善治的承载者，是提高能源效率的重要载体。能源善治应维持和增进良性的能源利用状态，弥补市场领域内能源配置的盲目性，纠正政府能源管理的低效。因此，效率的价值应该体现在能源保护和非市场领域。从市场内部的能源法律关系来看，如自然资源产权制度的法律界定，应以“效率优先，兼顾公平”为原则；在市场外部，如政府管制等，应以“公平优先，兼顾效率”为原则；在市场与非市场的交叉领域，应以“效率优先”为原则，在保证最低公平和最低效率的前提下，追求效率最大化。② 就当代社会而言，最佳的就是市场经济模式。市场把生产者和经营者置于市场自由竞争中，为行为主体施展才华创造了条件。政府通过宏观调控克服市场的盲目性、风险性和偶然性，减少生产和经营的偶然性、任意性和无序性及其他浪费能源的现象，从原有国家管得过多，统得过死，扼制市场经济规范、价值规律等严重束缚生产力发展的经济运行模式中解脱出来。当然，对有些深层次的矛盾和弊端需要一个渐进和长期的解决过程，这既需要社会主义市场经济体制方面的改革，也需要政府宏观调控的跟进，未来的路还很漫长，实现能源善治的效率价值尚需不懈地努力。

---

① 赵爽. 能源法律制度生态化研究［D］. 重庆：西南政法大学，2009.

② 汪斌. 环境法的效率价值［A］. 普通高等学校人文社会科学重点研究基地 2001 环境资源法学国际研讨会论文［C］. 2001：199-203.

面对日益严峻的能源危机，假如我们仍将管理视野仅仅停留在政府如何施加控制的单向维度上，将关注的焦点放在政府这个单一中心上，既不利于当前问题的解决，也给未来社会发展埋下隐患。还原能源以善治的理念，以公共问题的本质，实施广泛而有效的多元主体治理，才是我国能源管理善治的根本力量所在。从根本上说，能源善治的法律制度是对效率提高的追求和保障，是伴随着人们日益增长的物质生活需要同有限的能源的矛盾而产生的。人类的生存和发展离不开能源资源，同样也离不开经济活动中生产的各种各样的产品，提高生产和消费活动的效率是实现经济与能源可持续发展的必然要求。

3.2 能源善治的基本原则

法的原则一般是指法律的根本真理或准则，构成其他法律规则或者准则的总括性原理或者准则。其在整个法律体系中起着基础性和指引性作用，对整部法的立法精神、内容有决定性导向作用。能源善治的基本原则是能源善治体系下各主体参与能源管理活动，以及在能源的开发、流通、消费和回收等各环节中都应当遵守的准则。能源善治的基本原则包括有序性原则、协调合作原则、公平公开原则、公众参与原则。

3.2.1 有序性原则

有序性，是指合作主体的行为和主体之间关系的秩序，而秩序是防止资源碎片化、无序化、重复建设和内部消耗的必要保障。[①] 能源善治的有序性原则包括：（1）能源由全体公民共同拥有，但在开发利用上应从国家整体利益和公众的公共利益最大化的角度出发；（2）政府为了当代人和子孙后代的利益，应负责管理并合理开发、有序利用能源资源；（3）保持能源的开发利用与能源安全储备和能源结构平衡，实现不同地区间的能源均衡；（4）通过科学认真的提前规划和阻止潜在的有害行为来避免能源的破坏性开采和能源污染等行为。

能源具有典型的公共性，对国家安全和经济发展至关重要。公众委托

---

① 李辉，任晓春. 善治视野下的协同治理研究 [J]. 科学与管理，2010 (6).

政府管理能源，政府应本着对全体公民及其长久利益负责的态度进行能源管理和控制。能源管理包括能源市场监管（主要包括能源行业的市场准入监管、能源公用事业监管、能源价格监管、互联和费率监管、能源基础设施的接入等）、能源安全监管、节能和能源效率监管、能源环境监管和能源结构监管等。

能源监管的目标是建立统一、开放、竞争、有序的能源市场，但这种市场化是有限的。例如，在欧盟，自从第96/92/EC号指令和第98/30/EC号指令确立了建立电力和天然气内部市场的规则以来，欧洲内部能源市场化的进程一直在继续。欧盟的目标是建立一个真正具有竞争力的天然气和电力内部市场，以公平竞争的价格为消费者提供真正的选择自由，刺激清洁能源的生产，并提高能源供应的安全性。然而，在电力和天然气网络方面，欧盟的主要目标是确保互联互通，统一网络编码，参与者以合理、公平和非歧视性的价格进入相应的网络。这不是能源网络的完全市场化。能源监管目标的有限市场化是由能源的商品属性和管网的垄断属性决定的。能源的商品属性决定了能源应该实现市场化，以提高能源供给和配置效率。然而，管网的垄断属性决定了能源的垄断属性，限制了能源市场化的范围和程度。

为实现上述的目标，应当建立严格的管理制度以保障能源管理的有序性，具体内容是：（1）开采量低于增长量。能源具有可替代和可转换的属性，新能源不断替代传统能源，就像人类的能源开发利用历史——木炭、煤炭、石油分别担任不同时代的“舞台的主角”。新能源带来了第四次能源革命。此外，能量也可以相互转换。例如，煤、石油、天然气可以转化为电；风能、地热能、太阳能、潮汐能可以转化为电；煤可以气化、液化；天然气可以液化。由此可见，能源的可替代性和可转换性要求国家开发利用能源时要统一规划，能源管理和监管活动也要尽量统一安排。[①]（2）以每年能用的新的统计数据作为确定限额制度的依据。（3）在不同的地区，国家应当本着公平公正的原则合理进行分配。

政府应当将能源的开采和利用量限制在能源可持续利用和保持能源安全及自然更替的平衡点上，对现存的资源进行全面勘察和研究，对主要的

① 刘东刚．中国能源监管体制研究［D］．北京：中国政法大学，2011．

能源种类、数量、分布有翔实可靠的统计。在此基础上，每年确定科学的开采量，特别是针对传统的不可再生资源；对不同的能源许可证制度实行关口前移，严格市场准入。为保证能源安全，保持可持续发展，能源管理提倡在最大可持续产量的前提下，保持能源的质量和有效利用。为确保支持经济发展的开采量不影响能源安全储备及可持续利用，政府应加强能源管理，禁止过度破坏性开发利用，在适当的时候可以采取必要的措施使能源储量得到保障。

在能源秩序价值观的引领下，能源善治的有序性原则不仅包括能源的“人域”关系的有序，能源的“人际”秩序即人与自然之间的和谐有序，也是有序性原则的应有之义。人类对能源的开发利用和分配管理，应尊重自然规律。自然是一个有机体，有其自身的生态平衡，不能超过自然的承载力和繁衍恢复周期而过度地向自然掠夺资源，破坏其自身的内部规律。过度开发自然资源会破坏自然生态平衡和人类自身的发展。“我们不要过分陶醉于我们人类对自然界的胜利。对于每一次这样的胜利，自然界都对我们进行报复。每一次胜利，起初确实取得了我们预期的结果，但是往后和再往后却发生完全不同的、出乎预料的影响，常常把最初的结果又消除了。”① 人是自然的一部分，只有尊重自然规律，有计划地科学合理地对能源进行开发利用，珍惜和节约不可再生能源，鼓励新能源和替代能源的更新和普及，才能实现能源的永续利用，也才能满足人类对能源的需求和真正的可持续发展。

3.2.2 协调合作原则

善治是社会管理实现公共利益最大化的过程。从国家的角度看，其本质特征是政府与公民对公共生活的合作管理。在能源危机重重、能源供给形势严峻和能源分配失序的社会背景下，政府传统的能源管理模式遇到严峻的挑战，为弥合市场和政府在资源配置过程中所出现的先天不足，能源管理势必要实行多元主体协同合作的模式，使能源管理达到最佳的状态——能源善治，这也是善治理论在能源领域实践发展的逻辑。

如何确定能源善治的主体？中国学者的观点众多，但一般来说有三种

---

① 马克思恩格斯选集：第4卷[M]. 北京：人民出版社，1995：383.

观点：一是政府和民间的事业单位；二是政府、立法机关、司法机关和其他社会团体；三是政府、中国共产党、人大及其常委会、司法机关，中国人民政治协商会议、民主党派授权管理社会公共事务的社会中介服务组织。但上述观点有其局限性，随着我们对社会管理认识的加深，从广义上讲，能源管理应该是包括政府管理在内的全社会开放的管理体系。[①] 为此，能源善治理念下的能源管理主体应该包括政府、市场、企业、社会公众及大量的环保非政府组织（Non-Governmental Organization，NGO）等社会力量。这些主体之间如何既能各尽其责，发挥各自最大的能源管理功效，又能相互配合，使综合管理效果达到最优化，这是能源管理善治需要把握和解决的问题。

政府在能源善治中享有多少权力，就应该承担多少责任，从而将权利的行使、义务的履行、责任的承担和利益的享有统一起来。在提供符合公共利益需要的公共产品和服务的同时，要接受社会各界更多的监督和制约，避免权力滥用，在政府角色转换中实现职能转变，建设服务型政府。在能源监管方面，应遵循市场规律，对一些具备市场化条件的，政府部门应退出其管理领域，以更多地发挥市场配置资源的基础性作用。政府要有所为、有所不为，把该管的管起来，该放的放下去，改变以往偏重于能源资源开采、能源加工生产等能源供应的管理局面，逐步实现向能源节约、能源效率提升、能源技术突破等需求的转变。在预审批过程中，应更加关注外部准入管理、环境保护、能效等准入标准，强调政策导向性、透明性和公开性。在监督方面，改变以经济监督为主、社会监督为辅的传统监督模式，转向以社会监管为主、经济监管为辅的新型监管模式。

同时，我们也应当看到，企业作为能源活动的主要践行者，在能源领域存在诸多的问题。例如，国有能源企业存在的国有股“一股独大”、“内部人控制”、公司治理结构不规范、行业垄断等问题，中石油、中石化、中海油，国家电网、南方电网以及神华、中煤等垄断经营和划割能源区域市场，违反市场经济内在规律等问题，制约着能源市场的健康发展。改变能源领域业已存在的行政性国有企业垄断较多、部分能源行业定价不合理等局面，势必应当加快产权制度改革，推进政府行政体制改革、大部制改

---

① 闫娟．论社会管理主体多元化［J］．黑龙江教育学院学报，2006（6）．

革，鼓励发展混合所有制经济；完善国有资产管理体制，为跨地区、跨部门和跨所有制的上下游一体化整合创造良好的条件。

用能企业的节能是能源管理的重要环节。始于20世纪70年代发达国家的石油能源危机的合同能源管理（Energy Management Contract，EMC），是一种基于市场条件下的全新节能改造模式。该模式是市场化的节能服务公司与用能企业以合同形式约定一定的节能目标，节能服务公司为用能企业实现节能目标提供必要的服务，用能企业以节能效益支付节能服务公司的投资及其合理利润的节能服务机制。EMC模式在基于社会能源节约的条件下，实现了节能服务公司和用能企业的“双赢”，从社会角度实现了能源总量的节约，达到三方共赢。简言之，EMC是一种以提高能源利用效率、降低能源消耗总量和优化能源消耗结构为手段，以降低能源消费为目的的商业服务。其发展势头良好，相关学术论文的研究论述也非常多，内容涉及合同能源管理的诸多领域。

由于产权不清，具有公共属性的资源往往面临“公地的悲剧”。产权法定获得有效落实，再加以有力监管，是能源共同管理成功的关键。在确定共同继承财产原则、整体性原则及权利平等原则的必然性以后，国际合作原则就显得至关重要。国际合作是指在解决问题方面，国际社会的所有成员都应当本着合作而非对抗的原则，采取协调一致的行动，以保护和改善全球的能源资源状况。

市场是资源配置的基础模式，是社会分工和商品经济发展的必然产物，是发挥个人、地方制度性设计的主渠道。一个开放的市场，能使企业之间在更大的范围内和更高的层次上展开竞争与合作，促进经济协调发展，使经济活动充满生机和活力。“市场秩序对我们实现自己的目的极有助益，它不仅像所有其他的自生自发秩序那样，会在我们的行动中给我们以指导和在不同人的预期之间促成某种应合关系，而且还会拓展每个人在更大程度上支配各种物品（即商品和服务）的前景或机会，而通过任何其他方式，我们都不可能做到这一点。”[①] 此外，“市场乃是一种仅仅以互惠互利原则为基础的秩序，而立基于这项原则，任何人的机遇都可能比他在

① ［英］弗里德利希·冯·哈耶克．法律、立法与自由：第二、三卷［M］．邓正来，张守东，李静冰，译．北京：中国大百科全书出版社，2000：189．

任何其他情况下所享有的机会要多得多”[①]。因此，无论是从能源投资的角度，还是从促进能源技术提升的角度，良好的能源治理制度设计都应以市场模式为基础。这种由市场内在规律的调整所激发的动力，将促使行为主体在更高的起点上进行自主创新，从而在能源开发过程中探索出一套行之有效的市场模式。

作为一个政策参与的表达机制，环保 NGO 组织可以把分散的民众对能源的关心凝聚成集中的利益表达输入政治系统，促使政府把相关问题纳入政府议程，从而影响公共政策；同时，就能源领域某一问题发表研究报告，对其中的环境问题进行预测，从而引起政府部门的注意。环保 NGO 组织在参与过程中能够体现多元利益主体的立场，使政策过程体现各种社会力量的平衡。[②] 新《民事诉讼法》增加了公益诉讼的有关规定，对诸如环境污染等方面的违法行为，法律规定有关机关和组织可以向人民法院提起诉讼，这就为我国环保 NGO 组织的发展提供了基础。公共服务需要政府与 NGO 组织之间平衡责任的分担，形成互利、互补的合作关系。但毫无疑问的是，政府始终处于建立资源共享机制、制定明确契约的主动地位。当前，提高公共服务水平的出路在于充分发挥政府与 NGO 组织两者的长处，优势互补，逐步实现政府与 NGO 组织的互动合作关系，提高公共服务的水平和质量，构建社会主义和谐社会。[③]

在现行体制下，由于能源的特殊性，对于如何实现诸多主体的协调合作，笔者认为，能源善治应是以政府为主导、其他主体为补充的能源管理模式。那么，政府在能源市场中担任何种角色？我们可从两个方面进行理解：一是能源政策职能，二是能源监管职能。所谓能源政策职能，主要是制定国家的能源战略、规划和政策，比如能源安全战略、能源结构战略、能源市场化政策、公用事业政策和可再生能源发展战略等，具有综合性、整体性、全局性和长远性等特征，是政府宏观调控职能之所在。能源监管

---

① ［英］弗里德利希·冯·哈耶克. 法律、立法与自由：第二、三卷［M］. 邓正来，张守东，李静冰，译. 北京：中国大百科全书出版社，2000：199.

② 梁娴. 环保 NGO 的公共政策参与行为研究：以怒江水电开发一案为例［J］. 特区经济，2013（1）.

③ 赖翠凤. 公共服务领域中政府与 NGO 的合作困境及出路［J］. 天水行政学院学报，2013（3）.

职能则包括能源市场监管、能源安全监管、能源结构监管、能源环境监管、能源效率和节能监管等，具有独立性、专业性、公共性、权威性和技术性等特征。这一微观领域主要以市场调节为主，当市场失灵时，政府可给予适度的干预。作为最基本的能源善治主体，政府和完善的市场间的相互配合，职责互补，构成能源善治的完美图案。当政府有限理性"撞车"或者"市场失灵"时，环保 NGO 组织即在"政府失灵"和"市场失灵"的双重困境下作为桥梁发挥它的作用。公众作为能源善治的最根本力量，既是能源善治的参与者，也是能源管理的监督者。在强大的社会群体中，他们可以通过自发的组织，杜绝奢侈浪费和不必要的以能源大量消耗为代价的炫耀式消费和攀比式消费，抵制讲排场、高消费等不良社会风气。善治反映了政府、市场、企业与社会公众对能源资源的合作管理。"从全社会的范围看，善治离不开政府，但更离不开公民。"[①] 善治有赖于市场主体自愿与政府合作和自觉认同国家权威，其本质特征就在于它是政府与社会公众对公共生活的合作管理，是政治国家与公民社会一种新型关系，是两者合作的最佳状态。[②] 能源善治的合作性意味着政府与公众、社会组织、企业等其他治理主体平等合作，互为依赖。善治有赖于市场主体与政府的自愿合作和对国家权威的自觉承认，其本质特征是政府与公众对公共生活的合作管理，是政治国家与公民社会之间的一种新型关系，是两者合作的最佳状态。不难看出，能源治理是一项艰巨复杂的工程，传统政府单一的管理模式已经无能为力。因此，实现能源善治中多个治理主体的密切合作，是实现能源善治的必由之路。多元治理主体之间的合作不再是自上而下的单一维度，而是平等多元的合作，是各方之间的良性互动。[③] 由此可见，能源善治作为政府与公民合作管理能源公共生活的一种新的治理模式，能够引导公民主动参与合作，从善政走向善治。善治不仅赋予公民更多的机会和权利去参与政府公共政策活动，而且能够有效维护公共政策的

---

① 俞可平．权利政治与公益政治：当代西方政治哲学评析［M］．北京：社会科学文献出版社，2000：119．

② 丁宇．论善治的基本诉求［J］．江汉论坛，2009（10）．

③ 余超生．治理理论视野下的政府生态善治［J］．安徽农业大学学报，2013（1）．

公共性，是公共利益最大化的根本要求。①

3.2.3 公平公开原则

人们在思考或谈论人类社会所追求的基本价值目标时，总是把公平放在最重要的位置。② 在现代汉语中，“公平”的含义是处事合理，不偏袒；在英语中，“公平”(fair，fairness)的意思是公正廉洁，不偏不倚。

能源代内公平要求对能源的公平获取，人们在要求良好的生活环境和利用自然资源方面，都享有平等的权利。从历史的发展和当前的状况来看，代内不平等情况严重。西方发达国家的发展大多建立在对发展中国家自然资源的剥削和掠夺之上的，并且将发展中国家视为转嫁污染的“垃圾场”。一国之内，应当防止发达地区对欠发达地区的能源不公，重视农村能源的开发和公平分配。我国能源分布不均，煤炭资源主要分布在华北和西北地区，石油和天然气资源主要分布在华东、华中和西南地区及海域，水资源主要分布在西南地区。但我国主要能源消费地区集中在东南沿海经济发达地区，资源的分布与消费的区域存在明显差异，导致区域能源利用不公平。

与能源的代内公平不同，能源的代际公平问题不仅强调当代人能源需求的满足，同时强调当代人对能源的利用不危及后代人利用能源的能力，这对节约能源、提高能源利用效率和寻求新能源和替代性能源提出了更高的要求。由于能源的稀缺与环境承载力的有限性，能源资源的开发利用必然导致数量的减少或者质量的降低，人类可获得的自然财富势必随之减少。能源管理善治要求能源“既满足当代人的需求，又不对后代人满足其需求的能力构成危害”③，即实现能源的可持续发展。在公众的监督参与下，要保护性开发利用常规传统能源，开发可再生能源特别是新能源，提倡全社会节能减排。

代际正义理论突破了正义概念的时代局限，使人类生命传承的全过程具有伦理、哲学乃至整体的人文意义，使环境正义具有更加深刻的内涵。但毫无疑问，代际公平理论仍然是一个以人类利益为中心的生态概念。世

① 王辛梓．善治理论视角下基本公共服务公共性的流失及回归［J］．群文天地，2012（3）．

② 姜素红，杨凡．环境公平涵义探析［J］．湖南社会科学，2011（6）．

③ 世界环境与发展委员会．我们共同的未来［M］．长春：吉林人民出版社，1997．

界是丰富多彩的，地球具有生物多样性的特点，生物多样性也是整个地球生态系统稳定延续的基本保障。作为整个地球物种的一员，人类只是整个生物世界的一部分。所有的生命群体都是地球的主人，任何生命形式都有权在生态规律和自然规律的调整下平等和谐地生活。因此，环境公平理论应该具有更广泛的参考价值，涵盖世界上所有的生物，从而产生种际公平理论。有学者认为，种际公平是指人类应该尊重自然，热爱地球，保护环境，动物和其他非人类应该享有生存权，实现人与非人类生物物种之间的公平。① 一些学者也从生命共同体的角度阐述了种际正义的独特内涵，即人类作为物种生命与准生命的有机统一体，不应只追求人与人之间（代际和代际）的环境正义，同时也要实现人类赖以生存的自然环境所形成的社会成员之间的环境正义。一些学者突破了传统价值主体的范畴，对种际公平的价值主体进行了明确而大胆的提炼。他们认为，种际公平是指人类与其他非人类，如动植物、微生物及其生态本质之间的和谐与公平。②

学术界虽然对此争论颇多，但一般不变的观点是，人类不能因自身私欲而损害其他物种应有的利益。只有把人的欲望限制在必要的条件下，尊重人与自然、人与社会、一切生物的生存权利和存在价值，才能实现人与自然的和谐共处。种际正义的含义是公平地对待整个自然和其他物种，建立人与自然的和谐关系。我们认为，种际公平理论体现了人类的智慧和博爱。这一概念的提出，突破了传统狭隘的公平价值观，实际是传统宇宙观的回归。

善治作为一种新的社会治理模式，客观上要求社会治理主体多元化、程序治理与法律治理均衡融合、利益与责任并重。通过对权力的系统约束和控制，可以保证权力更加合法正当，在此基础上降低合法行使权力的成本，减少权力运行过程中的阻力。③ 作为行使公权力的代表，要积极构建责任政府，限定政府权力，进一步规范权责关系，以此来实现权责平衡，保持权责相统一。④

---

① 蔡守秋．环境公平与环境民主：三论环境法学的基本理念［J］．河海大学学报（哲学社会科学版），2005（3）．

② 刘湘溶，曾建平．作为生态伦理的正义观［J］．吉首大学学报（社会科学版），2000（3）．

③ 沈荣华．现代法治政府论［M］．北京：华夏出版社，2000：78．

④ 汪劲．中国环境法原理［M］．北京：北京大学出版社，2000：100．

客观地说，当今单纯地由单一的国家职能部门来管理庞大的能源资源，难免使公众和其他社会组织怀疑其公正性。只有在善治状态下，才能发挥民众的监督作用，为民众所了解。能源管理部门要真正推行各种制度，化解公众对“黑箱操作”的疑虑，如各种通报制度、查询制度、公众评议制度、开放日制度、新闻发言人制度等。能源管理的开放性可以使人民群众和各行各业增强对能源管理和利用的认同感和信任感，从而提高能源管理的公信力。

3.2.4 公众参与原则

在能源管理中，公众作为能源的受益者、资源的使用者、能源危机的直接受害者，对能源领域的跌宕起伏最了解、最敏感，也是感受最深的。在能源开发、利用、流转、消费乃至回收再利用的过程中，公众参与无疑是最好的管理和监督方式。作为能源善治的一项基本原则和制度，公众有权在能源保护过程中通过一定的方式和手段参与环境立法、执法和司法，以维护自身的环境权益和公众的环境利益。公众参与是民主理论的体现和拓展，作为社会管理和公共事务中相对独立的行为模式，近年来逐渐凸显出自身的特点。

在现代化进程中，公众参与公共管理活动不仅使公众有机会表达自己的利益，而且有效地增强了政府与群众之间的相互沟通。善治离不开政府，也离不开公民和社会。目前，我们有必要在公民和社会的帮助下促进能源的善治。充分发挥社会多主体的作用，加强政府与公民、社会的合作，共同推进能源善治。一个有效的民主制度取决于个人的参与能力，因为只有这样，他才能培养出一定的控制政治事务的意识。[①] 但从现实来看，政府的管理和决策过程未能充分吸收公众建议和信息，公共决策的科学民主有待加强。[②]

如今，在推进能源善治的过程中，公众从之前消费公共服务、产品以及代表传统的选民，发展成为“表达自身利益、影响公共政策的生力军”。公众成为社区决策的有机组成部分，还向公共管理人员和公共服务伙伴提

---

① ［美］加布里埃尔·A. 阿尔蒙德，西德尼·维巴. 公民文化：五国的政治态度和民主［M］. 马殿君，等译. 杭州：浙江人民出版社，1989：203.

② 杨静慧. 善治语境下公众参与公共决策的困境及路径优化［J］. 云南行政学院学报，2011（6）.

供社会支持。[①] 在现代化和市场化进程中，公众参与公共管理活动不仅给予了公众表达权益的机会，而且有效地增进了政府与群众的沟通。基于此，公众参与现代国家公共事务管理，需要政府在制定和实施规则的各个方面确保所有利益相关者都有“发言权”，并在充分考虑这些意见的基础上作出最终决定，以保证行政决策的民主性和科学性。公众参与包括计划参与、过程参与、目的参与和行为参与四个环节。[②]

单一的管理主体地位使得政府耗费了巨大的人力、物力、财力和信息采集成本，政府成为唯一的责任主体。随着能源危机的加剧和环境问题的凸显，广泛的公众参与不仅可以有效地弥补政府力量的不足，提高政府的生态治理能力，同时也有助于分担政府的治理责任，增强政府的治理意愿。[③] 然而，公众的广泛参与也有赖于社会组织的成长。社会组织作为公众参与社会公共事务的主要载体和重要途径，可以提高公众的参与积极性。正如美国学者亨廷顿所言：“如果人们加入某个组织并在其中积极活动，那么他们参与政治的可能性就会大得多。”[④] 基于这个原因，作为一个追求良好能源治理效果的政府，应该积极培养公众的能源责任意识，为公众的积极参与与合作提供有效途径。

当前，随着公民社会的兴起，公众的政治参与意识和社会参与意识日益强烈。有学者认为，政府要加强与市民社会的竞争与合作，“使政府的单个中心治理模式转为政府、社会、市场的多个中心互动治理模式”[⑤]。多元供给理论得到了世界诸多专家的认可。著名美国经济学家斯蒂格利茨认为：“在各个部门直接或者间接引入竞争实体是管制的好办法；公私部门通过引入社会竞争，更分散地提供公共服务，这不仅确保了公共服务的有效供应，而且使公共服务数量和种类更符合公众需求。”[⑥] 能否吸纳民智，

① ［美］约翰·克莱顿·托马斯．公共决策中的公民参与［M］．孙柏瑛，等译．北京：中国人民大学出版社，2005.

② 吕忠梅．环境法新视野［M］．北京：中国政法大学出版社，2000：258-259.

③ 沈承诚．政府生态治理能力的影响因素分析［J］．社会科学战线，2011（7）.

④ ［美］塞缪尔·亨廷顿，琼·纳尔逊．难以抉择：发展中国家的政治参与［M］．汪晓寿，吴志华，项继权，等译．北京：华夏出版社，1989：91.

⑤ 张桢，刘荣愫．公共服务领域中的竞争与合作［J］．华东经济管理，2005（10）.

⑥ ［美］约瑟夫·斯蒂格利茨．社会主义向何处去：经济体制转型的理论与证据［M］．周立群，韩亮，余文波，译．长春：吉林人民出版社，1998.

保证决策的科学性，寻求决策与民意的契合来使决策畅通无阻，不仅是对执政能力的考验，也是对善治理念的考验。著名学者克劳斯·鲍斯曼曾说："如果民间社会加以倡导，则国家必须跟进。"[①] 虽然这反映的是国外的变革经验，但对我国能源善治的发展同样有借鉴意义。将公众参与作为能源善治的基本原则，是监督和保障能源基本法律制度顺利实施的社会基础，也是实现能源善治的重要环节。

① ［新西兰］克劳斯·鲍斯曼. 能源可持续发展的伦理学蕴含［J]. 曹明德，邵方，王圣礼，译. 比较法研究，2004（4).

第 4 章　能源善治制度的困境检视

善治是法治的精神内核，法治是善治的路径保障，二者高度统一于现代社会治理，在现代能源治理中深度交融。特别是能源善治的实现，更离不开能源法治的制度保障。具体而言，能源善治的各项政策和对策措施及其实施保障条件，只有在转化为法律规定时才能获得国家强制力的保障，才能通过行政执法和司法得以实现，才能确保能源善治主体提高认识和觉悟，从而推动其自觉遵守与履行能源善治的责任和义务。但是，我国目前能源管理的法治化进程还明显滞后，适宜能源事业健康发展的法治环境还未能完全建立，集中表现为能源法律制度存在要素缺乏、层次模糊、类型混乱等方面的问题。

4.1　能源善治法律制度要素缺乏

善治在本质上是社会与政府对公共事务的合作治理，以公民对社会治理的广泛参与为主要特征。能源善治本质上也是社会与政府对能源事务的合作治理，是一个全社会广泛参与治理的系统工程。从全社会广泛参与的角度来看，我国的能源管理取得了一定的成果，但仍远远滞后于经济和社会可持续发展的要求，与国际能源管理的先进水平相比存在着较大的差距。从能源法治建设方面寻根溯源，其中一个非常重要的原因就是能源法律制度要素缺乏，无法为公众广泛参与能源治理提供完善的制度支持和保障，制约了我国能源管理的进一步发展。

4.1.1　能源善治法律主体不完善

法律通过调整行为来实现调整社会关系的目的。从法律制度的角度来看，能源善治最终表现在各主体之间形成以能源利用为内容、符合能源管理基本特征的权利和义务关系。这些能源主体就是能源管理的法律主体。

“只要法律是应然法则，只要人类思想还在活动，主体和它结构的法律问题就会是一个伴随法律历史永生不灭的法律命题。”① 由此可见，能源善治管理的法律主体是能源法律制度的首要要素。能源法律制度的要素缺乏，首先表现在现行能源法律主体的不完善。

我国的能源法律主体包括政府、企事业单位、中介组织和个人等，这表明我国能源管理使用的践行者来自社会多个阶层和群体，有利于调动社会各种力量对能源进行管理。但是，当前我国社会主义市场经济制度还有不完善之处，各法律主体之间存在权利义务不明、职责权限不清等问题，在能源市场中的地位尚未完全摆正。譬如，作为能源主要管理方的地方政府，目前还存在权力滥用、监管不力和能源寻租问题；职能部门系统分立、职能交叉、政出多门、执行不力等问题没有从根本上得到改变；企事业单位的社会责任意识较为模糊，仍然存在以个体利益最大化为行为导向的现象，追求、放任自身能源成本大量外溢，影响了社会的公平和福利。个体则缺乏明确的能源管理保护意识，滥用能源消费权利的问题不容忽视，不合理消费与浪费资源的问题仍然是旧病难医。中介组织往往没有实权，话语权也相应较小，难以发挥其在能源管理中的重要作用，影响和制约着我国能源事业在产业领域的深化和发展。

从节点上看，在政府、企事业单位、个人、中介组织等能源法律关系主体中，相对于其他三类主体而言，中介组织的重要作用还没有得到充分发挥。在治理理论中，中介组织是政府与市场之外的第三部门，具有衔接以上两个部门并弥补其缺陷的重要作用。具体到能源治理的过程，市场与政府是能源配置的两种基本手段，也是人们通常所说的第一、第二部门，二者各有所长，但也各有缺陷，需要第三部门即中介组织加以弥补。在我国能源管理中，中介组织作用的发挥一方面受到人为的限制；另一方面，政府对中介组织作用的发挥未起到保障作用。

中介组织的成立受到人为限制，其根源在于对中介组织的管理还没有理顺。与国外的中介组织管理体制不同，我国社会团体法规定：中介组织作为社会团体，要在民政部门登记成立并接受管理，而前提则要挂靠在特

---

① 龙卫球．法律主体概念的基础性分析——兼论法律的主体预定理论（下）[J]．学术界，2000（4）．

定的行业主管单位。很多中介组织因为找不到行业主管单位，难以在民政部门登记备案并取得合法身份。此外，双重管理导致的分工不合理、政出多门等问题也使中介组织无从适应，这就人为地限制了中介组织的成立和成长。

政府对中介组织作用的发挥未起到保障作用。中介组织具有接近社会大众的特点，有助于缓和政府在行政管理方面与人民大众之间可能产生的矛盾，架起政府与民众沟通交流的桥梁，弥补政府在宏观调控领域内的不足。但目前我国政府对中介组织的支持力度不足。在国外成熟的能源治理体制中，政府普遍要求中介组织以非营利机构的身份参与政策法规的制定、实施和后续评估，专门安排中介组织从事能源先进理念的宣传、推广，在能源回收中以强制中介组织作为第三方。我国目前尚未通过立法建立以上制度。因此，需要通过专门且完善的法律法规加以规范，保证其组织自身的健康有序发展。

4.1.2 能源发展视域狭窄

一般来说，如果没有设身处地，人类总是会自以为是、得过且过。[①]自从工业革命以来，人类的发展观都是人类中心主义，更确切地说应当是以当代人为中心。这种发展观只注意到了能源在当代人生存和发展过程中的价值，忽视了代与代之间的公平，漠视了子孙后代的利益，忽视了能源对后代人生存和发展的作用。在这种发展观念的影响和支配下，当代人对能源进行了无休止、无禁忌的掠夺和索取，以至于酿成了今天全球性的能源问题。诸如自然资源逐渐枯竭、生态系统失衡、环境问题层出不穷等次生问题，使能源安全问题越来越成为国际社会关注的热点，更成为我国一个重大的政治和民生问题。

随着当代人中心主义发展理念的弊端的逐渐显现，人们在残酷的现实面前开始觉醒，并认识到应该摒弃人类的自我优越感，追求当代人与自然和平共处，保证当代人与后代人的资源共享，秉承代与代之间的公平理念，实现人类社会的永续发展。在这种背景下，习近平总书记提出了“绿水青山就是金山银山”的绿色发展理念，倡导实现人与自然和谐，当代人与后代人共享发展机会，广受民众欢迎。坚持绿色发展，坚持节约资源和

---

① 江山. 人际同构的法哲学［M］. 北京：中国政法大学出版社，2002：258.

保护环境的基本国策，坚持可持续发展，形成人与自然和谐发展的现代化建设新格局，为全球生态安全作出新贡献的观念的提出，使得以人为本思想成为能源法治建设的指导思想，也拓宽了人类发展的权利体系。

1972 年通过的《人类环境宣言》指出："在现代，人类改造其自然的能力，如果明智地加以使用的话，就可以给各国人民带来开发的利益和提高生活质量的机会。"因此，人类享有合理利用资源以实现可持续发展的权利。环境权和发展权作为公民所享有的一项基本权利，其价值应为一切环境资源法律规范所遵循，适用人类社会的各个方面。具体到能源治理领域，倡导以人为本的发展权，意味着人类赖以生存的能源要在合理有序的开发范围内；在享有能源开发权的同时，也负有合理利用、节约利用的义务。能源的稀缺性、不可再生性要求人类必须节约、高效利用资源，循环利用、综合利用能源，合理规划、科学利用，防止过度开发和浪费能源，实现当代人和后代人平等享有和共同继承能源财产的权利。

在我国，占据国家法律根本地位的是宪法。国家和公民活动的法律基础就是其所规定的，部门立法也要基于宪法。正因为这样，在宪法中明确公民的基本权利是发展权和环境权，不仅能为能源法治提供立法支撑和依据，还能为民法、行政法等涉及能源的其他部门法提供宪法支持。从宪政理论上讲，将环境权规定为一种基本权利，在很大程度上可以体现为客观价值秩序。将发展权、环境权宪法化，不仅在基本法层面上确认了社会主体在能源利用上的权利，更为能源善治法治化的实现和完善提供了前提和基础。

尽管我们当前已经认可了发展权和环境权的理念，但在我国宪法中还没有得到明确保障。从宪法理论来看，将这两种权利上升为基本权利，能够在极大限度上展现它的"客观价值秩序"[①]。通俗来讲，就是通过其价值精神、基本原则、组织制度来制约立法、司法、行政，同时指导和授权立法，为行政政策的发展定下基调。但是，任何国家的能源立法都无法覆盖所有能源问题。基于这种情况，宪法条款能够为解决现行能源立法体制未涉及的问题提供"安全阀"的作用。[②] 在我国能源属于公有的状态下，能

---

① 张一粟．论我国环境权入宪的基本架构［J］．法学论坛，2008（4）．

② 谭柏平，黄振中．论我国能源法的四项基本原则［J］．中外能源，2010（8）．

源管理在得不到相应制度支持与激励的条件下，相关制度设计就显得尤为必要与迫切。

4.1.3 能源善治原则缺位

能源善治原则，意指那些能够体现以人为本、科学发展观和资源节约、环境友好型社会理念及立法规律，立足能源实际，指导能源善治各个环节的一般规则。能源善治原则具有概括性、抽象性和相对稳定性，是我国能源立法、司法、执法的基本指引。明确界定能源善治的基本原则是建立健全能源善治法律体系、实现能源善治的关键问题之一。从国内外能源善治的实践来看，我国在能源管理上存在以下三项重要原则。

1. 能源安全原则

秩序是法律的基本功能，安全是法律的首要追求，能源安全也不例外。我国是世界第一大能源生产国和第二大能源消费国，能源安全问题是一个重大的政治和民生问题。确保能源安全是能源善治的首要追求，学界一直把能源安全作为能源立法和能源治理的首要原则。不少学者甚至还提出："能源安全是我国能源法的'帝王原则'，其他诸多原则都可以被其所涵盖，或者成为一个侧面。国家能源政策、能源战略目标以及能源法律规范与法律制度都应该在能源安全价值的指引下进行具体的制定与设立。"①

2. 能源可持续利用原则

能源可持续利用是各国普遍确认的能源善治的基本原则。能源可持续利用是绿色发展在能源治理领域的体现，其核心内容是要求当代人以可持续的方式开发能源，以支撑人类和自然的可持续发展。其核心目标是解决能源分配不公的问题，实现有限能源在当代人内部、当代人和后代人之间的合理配置，最大限度地保障当代人之间以及当代人与后代人之间共享发展的能源基础，确保当代人之间以及当代人与后代人之间发展机会平等。在能源立法领域，我国先后制定了《节约能源法》《煤炭法》《电力法》等单行法，但均未提到能源可持续利用的内容。因此，能源立法亟待确立可持续利用的指导思想，建立健全保障能源可持续利用的制度安排。

---

① 谭柏平，黄振中. 论我国能源法的四项基本原则 [J]. 中外能源，2010 (8).

3. 共同责任原则

提高能源效率是推动能源善治的主要目的之一。由于能源利用主要依靠市场的基础地位来加以实现，而市场总是在追求更大的利益，因此在市场机制下衡量能源善治方法是否得当的主要标准便是基于市场价格的净收益。这种标准产生于市场机制，也就具有市场机制的性质和弊端。当采用循环方法获得的净收益高于非循环方法的净收益时，循环便成为能源市场的主流；但当循环方法的净收益低于非循环方法的净收益时，循环就难以被实施。[①] 此外，能源管理主体应当承担与其身份相匹配的法律责任与义务。例如，有日本的法律强调："为了建立循环型社会，必须使国家、地方政府、企业和公众在合理承担各自责任的前提下采取必要的措施，并使其公平合理地负担采取措施所需的费用。"[②] 与此同时，公众、政府及企业的责任也在这个法律中得到划分。

为了使政府、经营者、消费者等能源参与的各方都能遵循共同责任原则，确保其互相配合，我国需要建立相应的制度安排，把参与各方的行为限定于适当的范围内，使社会各方力促能源善治的发展。例如，在我国《循环经济促进法》中确认能源善治的减量化、再利用、资源化的"3R"原则，可以说是我国能源善治法律建设的重大进步。但是，以上所论这些基本的能源善治法律制度所应设定的基本原则，在现行的能源立法中却没有专门的规定。另外，诸如公众参与原则、鼓励技术创新的原则以及政府和社会干预原则等缺少配套的法律制度予以具体化、明确化，许多法律法规的规定都过于宽泛，促进性、激励性和鼓励性条款过多，缺乏可操作性，这就给能源法律制度的施行打了折扣。

4.1.4 能源法律制度结构失序

我国有关能源管理的法律制度在内在制度结构上存在许多疏漏，主要表现在以下六个方面：

第一，能源规划是能源善治在全社会展开的指导性纲领。我国的能源

① 徐嵩龄．为循环经济定位［J］．产业经济研究，2004（6）．

② 国家环境保护总局政策法规司．循环经济立法选译［M］．北京：中国科学技术出版社，2003：119．

规划体系残缺，虽然在相关法律法规中有所规定，但过于笼统，缺乏操作性。另外，我国的能源规划体系不具有系统性和整体性。尤其是作为核心内容的能源战略，往往仅体现在领导讲话和政府文件中，其稳定性和连续性难以保障。虽然我们目前已经出台了《煤炭法》《电力法》《节约能源法》等能源单行法，但整体上的能源管理法律体系尚未健全，已经出台的各种能源单行法难以解决能源规划、管理体制、能源结构、能源环境等综合性的问题，现行法律的一些配套法规亟须健全和完善。“十四五”规划提出，构建现代能源体系，实施能源资源安全战略，碳达峰、碳中和、绿色发展、环境治理依然是主要方向。

第二，经济激励制度不够。法学界对激励、激励机制的关注始于20世纪末期，中间经过平衡论的发展，现已成为法学界关注的重要议题，是很多争论的理论背景。对于激励概念，虽然法学界很少关注，“但值得庆幸的是，人类文明发展过程中的共同经验使我们在‘激励’问题上能够相互体验、相互沟通、相互理解”[①]。纵使不借助学术性的定义，人们也能体会到“激励”的精髓，即充分调动行为人的积极性，使其意识到干得好比干得差要好。法律激励的实质在于调动法律主体的积极性，激发和鼓励人们一定的行为，以实现和满足需要的愿望，使“所有法律主体以符合法治目标实现的方式积极行使权力或者权利”[②]。

税费制度是法律激励的重要制度依托。在能源领域，我国目前虽然已经开征了相关的能源税费，但是由于缺少明确这些税费的使用方式与途径的立法，因此通常被纳入国家财政统一支配。虽然国家每年对能源管理都有财政拨款，但是没有完全建立专门针对能源开发利用从税费征收到二次分配的完整的转移支付制度，使得我国的能源税费征收与二次分配严重脱节。现行的各项税费比率大大低于保障能源资源可持续发展的要求，无形中助长了企业浪费能源、破坏能源等不良行为。

第三，未发挥中介组织的作用。受多种因素的制约，很多中介组织由于找不到行业主管单位，难以在民政部门登记备案取得合法的身份。尽管

---

① 丰霏，王天玉. 法律制度激励功能的理论解说［J］. 法制与社会发展，2010（1）.

② 罗豪才，宋功德. 软法亦法：公共治理呼唤软法之治［M］. 北京：法律出版社，2009：152.

国务院办公厅于2010年转发发展改革委等部门《关于加快推行合同能源管理促进节能服务产业发展意见的通知》(国办发〔2010〕25号),对治理运行机制、角色和功能、管理体制、支持方式以及发展措施作了规定,但在行业立法方面至今仍是空白。对于能源行业的中介组织来说,制度障碍和法律缺失严重制约着其职能作用的发挥,其参与政策法规的制定、实施和后续评估,从事能源先进理念的宣传和推广的作用还远未得到充分的发挥。中介组织作为第三方的委托回收体系尚未建立。

第四,诉讼主体资格不健全。诉讼主体不应该只包括与能源安全行为有直接利害关系的公民与社会团体,而应扩大到全部社会成员,这就是诉讼主体的公益诉讼资格。如果社会诉讼主体资格健全,就可以建立起能源善治的社会监督体系,促使全社会形成一种节约能源的良好经济运作与生活模式。但我国尚未以立法的方式确认公民与社会团体的公益诉讼资格,这不仅使得我国的能源保护缺乏广泛的群众基础,也使得企业与政府在能源开发利用领域的权力滥用(或不作为)缺乏合理的监督体系,严重制约着我国能源事业的长足发展。

第五,有关法律责任配置缺失。法律是国家意志的体现,具有强制力。这种强制力表现在对于违反法律规定的行为,法律本身设定了严格的责任规则,并通过行政执法、刑事执法和司法的途径予以追究。就能源法治而言,完善的责任规则是能源立法具备强制力的保障。但实际上,有关能源基本法律制度更多体现的是软法性和执法的无力性,其条款中大多使用"鼓励""倡导""支持"等表达,相应法律责任的规定中也往往不涉及相关条款的内容。即使法律法规规定了能源管理的内容,但大多属于鼓励和倡导性质,对于违反能源立法所造成的资源流失和浪费的法律责任认定存在明显的缺失。

第六,其他制度缺失。国外的能源法律体系普遍确定了能源标准化管理制度、能源评价制度、再生能源名录制度、能源统计制度、个人身份登记制度、公告利用制度、能源现场检查制度、废旧物资回收清理付费制度以及扶持奖励制度等。这些制度经过实践证明具有不可替代的作用,但在我国的能源立法上还没有完全确立起来,需要在将来的能源法律保障体系的建构中予以确立或完善。

4.2 能源善治法律制度层次模糊

法律制度层次是某一法律体系的总体结构，是指规范特定社会关系的由宪法而起自上而下的法律体系分层。能源善治法律制度层次就是规范能源利用法律关系的等级序位排列和涉及能源利用各环节法律体系的总体结构。能源法律制度层次是否合理，直接决定了能源善治法律调整的实效。“只有相互一致和相互支持的制度安排才是富有生命力和可维系的，否则精心设计的制度很可能高度不稳定。”① 建立统一规范的能源立法管理体系，消除能源社会运行的诸多环节的阻碍，为妥善处理好能源开采开发、清洁生产、可再生回收、利用、处置和消费等各个环节的关系提供了保障。能源善治应当对能源管理中的基本问题作出原则性的规定，对人们开展能源资源开发使用的基本行为作出规范。对于众多社会经济行为的具体调整与实施性规范，应分别由其他单项立法、实施细则等配套法律法规作出专门的规定，形成完善的能源法律制度层次。

4.2.1 能源善治法律体系缺失

能源善治法律体系是指由一国现行的全部能源法律规范按照不同的门类组合而形成的一个呈体系化的有机联系的统一整体。建立和完善规范的能源善治法律体系，是能源善治法律制度层次性的主要表现，是能源善治法律制度内部协调一致的基本保障。目前，我国有关的能源法律法规主要包括《石油天然气管道保护法》《煤炭法》《电力法》《节约能源法》《可再生能源法》等单行法。从总体上来看，我国能源善治尚未形成统一有序的法律体系，这主要表现在以下四个方面：

一是能源产业发展的法律规范顶层设计缺位。在能源领域改革和能源产业发展方面，国家能源局在 2013 年全国能源工作会议上明确提出了国家对能源产业发展一般性政策顶层设计的要求，即“深入研究深化能源体制改革的顶层设计和总体规划，明确改革总体方案、路线图和时间表，积极开展试点示范”。但与之对应的是相关要求的难以落实，目前，能源产

---

① 秦鹏. 资源循环利用法律制度研究［M］. 北京：光明日报出版社，2010：171.

业发展几乎没有涉及法律规范的顶层设计方面。在实际生活中，比较分析相关法律法规能够明显看出，无论是能源产业发展的导向规范式立法，还是法律法规具体执行的责任分配与救济式立法，都缺乏关于产业发展的正当程序及实质要件的顶层设计规范。法律规范顶层设计的虚置极易造成地方保护主义的泛滥，导致新能源产业的非理性发展。

二是能源法律法规具体设计与规范不足且相互之间缺乏衔接配合。能源产业的发展之所以困难重重，与相关能源法律法规尚未完善密切相关。发挥基础作用的能源基本法缺失，专门立法也不够完善；现有法律一直把重点放在市场管理上，缺少能源公共事业法；现行能源立法对能源产品销售和服务缺少规范，把关注点过多地放在了能源的开发和利用环节；与国际相关立法脱轨，有一些能源法律法规及其改革方向未能与世界贸易组织规则体系中的能源规则相匹配；能源国际交流障碍重重；有些法规之间存在不协调的问题，能源法与其他相关法律之间存在着不一致甚至冲突的问题，未能形成一个统一的立法保障；法律以政策为指导，政策依靠法律实施，但我国能源法律与能源政策的协调配合仍存在问题。[①]

在现实生活中，我国立法缺乏统一规划和能源立法指导思想。在司法实践中，不同法律规定之间缺乏有序衔接和配合，在一定程度上导致了良好的立法初衷和先进制度安排未得以实现。在日常生活中，人们更多关注的是开发利用可再生能源的规划，另外还有电力、电网规划脱节的问题。“现行《可再生能源法》有关规划的法律规定不完善，单就可再生能源开发利用规划编制作出规定，并没有把可再生能源开发利用的规划编制同其他能源的规划编制衔接起来，也没有对规划编制的原则和内容做出必要的规范，从而造成可再生能源开发利用的规划同能源的规划以及电力、电网的规划脱节。”[②]

三是相关条款效力等级相对较低。一国法律体系中，在基本法之外的部门法中制定带有基本法性质的法律，不仅不会破坏该国法律的逻辑结构，反而会使该国法律体系的逻辑结构更为紧密。我国法律体系中已形成部门法律体系，部门法律体系中又存在基本法的先例。中国环境保护法律

---

① 孙佑海．建立适合国情的能源法律体系［N］．学习时报，2007-05-21.

② 阳东辰．论循环经济发展中资源效率的法律调整［J］．中国软科学，2011（S1）.

体系就是在《环境保护法》这部带有基本法性质的法律的指导下，由《大气污染防治法》等六部污染防治法以及《环境影响评价法》《清洁生产法》《循环经济促进法》和相关法律构成的。我国能源领域尚未制定出一部带有基本法性质的法律，导致现行立法的相关条款等级效力较低。我国对能源的立法始终没有上升到基本法层面，现行与能源管理有关的法律大多是由国务院制定的行政法规或其下属部门制定的部门规章，通常以“试行条例”“暂行条例”和“规定”等形式出现，缺乏普通法律所具有的权威性与稳定性。缺乏权威性就不能使公众信服，影响法规的有效性；缺乏稳定性就不利于法规的执行，这就难以确保能源善治措施落到实处。[①] 同时，这些法规具有原则化和抽象化特征，难以真正推行。立法操作性差的问题具体表现为法规内容多是对要求的描述，对具体的技术指标、操作程序、利用要求以及违反规定应承担的责任还需要进一步明确，否则相关人员在遇到实际情况时往往无法可依。在具体实践中，各级监管部门很难对相关企业进行行之有效的监管。即使有明确的法律规定，也往往因各种因素的影响而难以得到有效的执行，这在很大程度上影响了能源善治的健康发展。

这种零散立法模式形成的主要原因，一方面是能源管理源起于能源安全战略与能源保护的需要，必然涉及能源开发、利用和保护的方方面面；另一方面，能源治理仍然处于“九龙治水”的状态，导致能源立法模式仍然是部门立法的传统模式，有关的能源立法相应地散见于不同部门制定的不同法律法规之中。在实践中，随着对能源法认识的逐步深入，在新法和旧法之间往往存在衔接不理想的问题。目前，能源法律零散的立法现状在实践和理论方面均与现实中能源善治发展的需要相差较大。

四是政府决策体系与管理体制尚未理顺。传统条块分割的能源管理体制混乱，多头管理、不合法的垄断经营等屡见不鲜。能源产业尤其新能源产业是一种战略新兴产业，其市场还不成熟，需要政府以政策导向的形式给予支持。我国许多能源资源还处于多头管理的形式，缺乏统一协调的政策体系。这样造成的结果是各行其是，不利于被扶持企业的长远发展。实际上，能源发展更加依赖市场的基础性作用，政府干预不足或干预过度都

---

① 薛慧峰，王海宁.《中华人民共和国可再生能源法》的实施回顾及展望［J］. 中外能源，2010（3）.

将使其管理体制滞后的弊端显现，难以统筹能源产业的可持续健康发展。因此，政府应通过制度建设来避免不必要的干预，而不是刻意扶持每一类产业或企业。这样创造一个公平竞争的经济环境，一方面消除了限制行业和企业发展的制度性障碍，又降低了政府机会主义行为可能会造成的内部交易成本。

从理论方面来讲，健全完善的立法体系应当是统一严谨的。要加强能源管理，只有通过能源善治才能统筹协调诸多环节，才能保证立法目的的实现。从实践层面来讲，能源善治是一项全局性较强的工作，涉及社会生活的方方面面，关涉经济运行的各个环节。零散的立法模式，加上制定规章的部门的职能不同，造成了法律法规在实践操作方面的不协调，进一步导致了能源管理问题的缺位，违背了能源善治法律规制的本意。

为此，当前我国应当依据能源善治的基本精神制定能源法律法规，并将能源善治的经济技术政策统一于能源基本法之内，为以后各项具体的能源立法提供法律依据。在这个问题上，国内理论和实务界已经形成了比较统一的认识，那就是制定一部《能源法》，作为能源法领域的基本法，对能源法律的基本制度，如能源投资产权与市场准入制度、能源战略规划、能源管理与监督制度、能源财税价格与科技制度等作出统一的规定。同时，将《能源法》作为“龙头法”，使其成为单行能源法的上位法，据此建立一个规范、合理且完善的能源法律体系，才能使其真正成为单行能源法的指导原则和制度依据，最终实现真正的“有法可依”。[①]

能源善治虽然给了社会公众和中介组织更多的“自觉”，但是仍然要以严密细致、合理有效的法律为基础，并且要以法律制度为保障。法律制度已成为许多发达国家能源善治建设过程中协调各项关系的最根本手段，这对于现有法律体系仍不健全的我国而言有很多可借鉴之处。完善立法对于我国推进能源善治建设，提高资源利用价值以及保障我国能源、经济和环境全面协调发展有着极其重要的作用。

4.2.2 能源善治法律部门归属模糊

法律部门“是按照一定的标准和原则，按照法律规范自身的不同性

---

① 肖国兴．我国《能源法》起草中应考虑的几个问题［J］．法学，2007（2）．

质、调整社会关系的不同领域和不同方法等所划分的同类法律规范的综合”①。在我国，能源公有制占据绝对主导地位，我国的能源法律体系区别于德、日等发达国家。在我国的立法体系中，环境法与能源法之间属于一种平等的部门法，尚未确立如德、日两国那种以环境法为基本法并统率能源法的立法格局，与能源产权结构存在较大的差异。

由此可见，我国在能源法律制度建构上应当与环境保护立法同步完善。这就需要从实现生态环境可持续发展的角度出发，全面协调能源立法与环境保护立法之间的关系，以能源立法保证生态环境的可持续发展，以环境保护立法促进清洁生产与能源善治。但是，我国目前的能源立法没有将能源善治思想纳入其中，导致在能源善治的辅助立法方面存在缺陷。有鉴于此，我们应将能源善治的思想纳入能源保护法中，在总则中对能源管理作出原则性的规定，将能源善治具体法律制度列入循环经济、清洁生产等法律法规之中，确保法律归属部门清晰，体系严密。

4.2.3 能源善治配套法律缺失

能源管理涉及范围广泛，仅依靠理念型的基本法与其他辅助立法，能源善治推进的效果必将大打折扣。能源基本法要发挥其在能源法律体系中的协调和衔接功能，统一各单行能源法的冲突。同样，也应根据能源基本法建立能源基本法律制度结构，完成一部法律体系化的过程。构建能源基本法律制度体系，既要使能源基本法律制度内部实现协调与衔接，又要使能源基本制度与其他相关法律制度之间实现互融互通。但是由于各种原因，有些配套的行政法规和专门条例却长期空缺或被搁置。

从我国现行的能源法律情况来看，普遍存在原则性、可操作性不足等问题，需要大量与之相配套的行政法规和行政规章来补充。但是，这部分法规规章却因无人组织起草或需要跨部门协调，或因形势任务发展变化等长期不能出台。这不仅导致市场主体和有关部门、机构无所适从，甚至出现利益冲突，降低了法律的效力和执法效率。

正如有的学者所言：“中国能源法律制度外部结构建设是一个复杂的

---

① 周启梁. 资源环境立法的权利本位困境与出路［J］. 重庆大学学报（社会科学版），2007（5）.

系统工程。"① 随着经济社会的快速发展，我国的能源需求量也大大增加。能源善治法律制度与本部门之外的其他规范之间存在着制度配套的诸多问题，比如《对外贸易法》要进一步细化涉外能源产品、技术和服务贸易以及境外能源贸易监管的相关制度。此外，为构建能源应急保障和应急恢复体系，《突发事件应对法》也要对能源领域突发事件的应对作出规定。《统计法》《标准化法》要建立完善的能源统计体系，强化能源主管部门的统计责任。这些都表明，我国能源立法配套建设还需要一个长期完善的过程。

4.3 能源善治法律制度类型混乱

能源善治法律制度类型是能源利用在能源善治环节中的制度化形态，是能源利用制度结构在社会运行环节的具体化。能源善治是一项需要全社会共同参与的系统工程。因此，作为国家干预的一种表现，政府职能部门的引导与管理在能源善治推进的过程中发挥着举足轻重的作用，也对建设社会层面的能源善治非常重要。清晰、完善的能源善治法律制度类型有利于明确各行为主体在能源善治的不同环节中的行为规则，使能源善治的责任更为明确。但是，我国目前的能源法律制度类型仍然比较混乱。

4.3.1 能源管理部门职权职责模糊

在能源立法领域，国家的干预主要体现在以下三个环节：能源开采环节、能源加工生产环节、能源回收再利用环节。在能源开采环节，涉及能源开采开发过程中的生态环境保护，能源可持续的综合开采利用，能源开采收益在能源所有权人、能源开采人以及与能源开采地能源相关民众之间的合理分配等多个方面②；在能源加工生产环节，国家干预发挥作用的领域主要涉及能源加工生产过程中原料使用的减量化、生产废弃物的循环利用与无害化处理，设立产品设计耐用标准等方面；在能源用尽后的回收、循环利用等环节，主要涉及第三方回收体系的建立以及强制回收法律规范的制定，在消费者、生产者以及经营者之间合理分配回收利用成本，以激

① 张文显. 法理学［M］. 北京：法律出版社，2008：174.
② 肖国兴.《能源法》与中国能源法律制度结构［J］. 法学，2010（8）.

励各方主体积极参与能源善治。

从治理效率和国外成功的经验来看，能源安全是国家的命脉和根基，能源治理应该实行大部制治理，防止部门之间由于内耗而损害能源治理的效果。目前我国并未建立统一的能源治理机构，众多政府职能部门在履行管理职责的过程中都较少且分散地涉及能源问题。一方面，从《煤炭法》《可再生能源法》《电力法》《节约能源法》以及《石油天然气管道保护法》五部能源专门立法情况看，“产业管理部门理论上属于国家能源局，实际上煤油核矿业权管理属于国土资源部，投资管理、节能与资源管理属于国家发改委，电业管理属于国家发改委和电监会，生物质能管理属于农业部和国家林业局。此外，由于能源产业中大企业都为央企，国资委也具有直接管理的权限。国家能源局的能源产业管理权实际上主要是产业发展的指导，再加上工信部的工业管理，而真正意义的产业管理如矿业权和投资管理权则是由其他部门实现的”①。另一方面，除了这五部专门能源法之外，能源立法还散见于其他立法之中，尤其是在能源的循环利用立法中。比如，各地环境卫生行政部门统一组织实施收集、运输和处理城市生活垃圾、废物，关于节能工作的监督管理一般由地方的经济委员会负责，与节能息息相关的是处置废弃物和清洁市场，而环保部门负责的污染防治以及控制污染物总量包含在废弃物的处置中。

能源管理部门职权职责模糊，究其原因：一是许多部门之间的职能相互交叉，关系难以明晰。现行法律法规只明确了某一部门在特定领域的职能，未能明确清楚地划分各部门之间的职权，导致不同部门之间权力划分模糊，具有不确定性，多头管理的形式以及相互推诿的局面由此形成。虽然国家成立了能源委员会，但现在还难以从根本上解决长期以来形成的分散化能源管理格局。二是各部门之间权力冲突难以解决。特别是《煤炭法》《可再生能源法》《电力法》《节约能源法》以及《石油天然气管道保护法》等，法律在位阶上都属于单行法律，效力等级一致，彼此平行，相互独立，难以形成能源治理的制度合力。

除以上因素外，导致能源管理部门职权职责模糊的重要原因则是能源管理领域的部门立法模式。在这种立法模式中，由于职能部门都是基于自

---

① 肖国兴.《能源法》制度设计的困惑与出路［J］. 法学，2012（8）.

身利益考虑，立足于本部门职责施政，难免从自身利益的角度而忽视整体利益的存在，整体上难以形成规范和促进能源治理的协调管理体系。所以，要改变能源管理部门职权职责模糊的问题，治本之策是借助政府机构改革，在能源治理领域实行大部制，将国家能源局从国家发改委独立出来，代表国家统一行使能源治理的职责，从根本上改变“九龙治水”的局面。但在大部制的博弈中，国家能源局以国家发改委代管的形式出现，在一定程度上延缓了《能源法》的立法进程。目前，政府机构改革必将触动多个部门的权力与利益，部门之间的“讨价还价”、部门代表的“不辱使命”折射出了现有体制机制的弊端。

4.3.2 能源基本法缺位

“能源法应不应该抑或能不能成为一个独立的法律部门，从根本上取决于社会生活特别是经济发展的客观需要。因此，社会关系的发展变化和能源日益彰显的重要性，必然要求产生一个独立的法律部门来调整这些越来越复杂和重要的能源领域社会关系。将能源法从其他的法律部门中分立出来成为一个独立的法律部门，是不以人的意志为转移的趋势，是社会关系发展变化的客观需要。”[①] 这集中体现在以下四个方面：

第一，解决能源问题需要能源法。能源是国家经济社会的命脉，更是人类社会可持续发展的动力源泉。能源数量的有限性、稀缺性和赋存的不均衡性已经成为困扰世界各国经济和社会可持续发展的“瓶颈”。在能源发展的每个历史阶段，相伴而生的环境污染和能源短缺等能源问题已越来越成为各国关注的一项根本性战略任务。我国是人口大国，能源短缺的问题尤为严峻，要解决这个问题，除合理开发、有序利用外，还迫切需要长期、稳定、有效的行为机制来予以保障。因此，能源问题已经上升到了法律层面，能源问题的制度化、法治化是严峻形势下刻不容缓的必然选择。

第二，调整对象的特殊性需要能源法。能源法是不仅包括合理开发、加工转换、储运供应和贸易、利用，还包括保证能源安全、有效、持续供给的能源法律规范。这表明，能源法的调整对象是经济关系中的能源物质利益关系这一特定部分。这一关系是基于能源开发利用及其规制而发生

---

① 黄振中，赵秋雁. 能源法应成为一个独立的法律部门 [J]. 法学杂志，2009 (1).

的，并以这些行为作为载体。因此，在调整经济关系时，能源法是以确立行为主体资格及其行为规则和建立能源法律制度为内容的。

第三，调整方法的特殊性需要能源法。能源法在调整能源经济组织的设立、终止、变更，能源市场供应与管理，能源宏观调控，能源节约，能源再生利用，能源与环境，能源与可持续发展，能源对外合作等社会关系时，形成了如下特定的调整方法：首先，保障市场供给和政府适当宏观调控相协调的调整方法；其次，能源利用和环境保护相促进的调整方法。[①]能源法调整的能源物质利益关系的完整性、系统性和过程性特点及其调整方法的特殊要求，决定必须有一个独立的法的部门——能源法对其进行完整、系统和全过程的调整。这种调整并不是其他法部门所能替代的，也不是自然资源法、环境法所能包含的。

第四，能源法及其制度与其他法律及其制度有机结合，形成具有内在逻辑结构的法律和制度体系。例如，与经济法、环境资源法律和制度，无论在法的部门关系上还是制度实施上都密不可分。在世界范围内特别是在工业国家，能源法及其制度已成为国家法律体系的重要组成部分，离开能源法及其制度，一个国家就形不成完整的法的体系，特别是能源法已为各国普遍采用。实践证明，这种做法有助于合理、有序地开发和利用能源，为解决能源问题提供了更为广阔的制度空间。

我国现行的能源法律部门包括制定法和非制定法。其中，制定法包括关于能源的法律、法规、规章等规范性文件，是主要组成部分。我国在能源立法方面取得了很大的成绩，已经制定了《节能法》《电力法》《可再生能源法》《煤炭法》等法律和不少关于能源的法规、规章等规范性文件。目前，我国正在着手起草《能源法》《石油法》《核能法》和修改《煤炭法》《电力法》。需要强调的是，制定一部在整个能源法领域中处于统率地位的、由全国人大审议通过的基本法律——《中华人民共和国能源法》，有助于能源法部门内部形成统一的理念、原则和制度安排，破除部门分割，形成制度合力。

《能源法》是一种意志表现形态，它着眼于开发利用能源及其合理化规制，以此来达到保证能源安全、有效和持续供给的目的，是目的和手段

① 阳东辰．论循环经济发展中资源效率的法律调整［J］．中国软科学，2011（S1）．

的结合体。法律是否合理安排以及实施效果好坏的评价标准是能源的安全、有效和持续供给。但在实际制定的过程中，《能源法》有偏离以上标准的危险。首先，从进程上看，虽然形势紧迫、呼声很高，但反复多年仍然悬而未决，说明其制定过程之艰辛；其次，从主体上看，在现行体制下由国务院委托 15 个部门制定，部门之间利益博弈非常激烈，在艰辛复杂和激烈博弈的过程中，众多良好的制度安排难免会淡化甚至灭失。

4.3.3 能源领域制度不健全

当今世界，人类社会正处在从化石能源时代向可再生能源时代的转折点上，从工业文明走向生态文明，正孕育着一场深刻的能源科技革命。在人类社会发生深刻变革的节点上，维护人类的集体福祉进而实现人与自然和谐相处，应在健全和完善能源领域的相关制度的基础上，积极创建能源法生态观，推动能源领域变革的发展。

在能源领域，能源法律制度多集中在生产建设、消费流通、废物回收利用等领域与过程。生产建设领域主要包括建设项目能源许可制度、“三同时”制度、能源评估制度、能源认证制度、产品标识制度等。消费流通领域主要包括政府绿色采购制度、重点产品和包装物的强制回收制度、重点包装物和产品的押金制度、生活废弃物分类回收制度、重点废弃物的交售制度等。废物回收领用领域主要包括再生资源回收利用制度、再生能源回收企业资质认定制度、再生产品生产适用管理制度、再生资源市场准入制度、再生资源进口管理制度等。

虽然以上能源法律制度在《节能法》《煤炭法》《电力法》《可再生能源法》中得到了体现，但是大多以鼓励指导性为特征，属于缺乏国家强制力保障的软法，是否遵守全凭消费者和生产者的自觉。能源企业即使倾向于自觉遵守上述规定，也会因为法律规定的操作性不强而不能如愿。此外，还有部分领域的制度并没有得到法律制度的真正确认。实践表明，我国能源治理核心制度的缺失严重影响了能源善治在各个领域的有效实施。

4.4 我国能源善治的制度环境缺失

我国正处于加快推进工业化进程的重要发展阶段，由于我国经济发展长期沿用“高开采、高消耗、高排放”的粗放经营模式，在长期经济快速增长过程中积累和潜伏的隐性矛盾正逐步凸显出来。经济、社会发展与人口、资源、环境的矛盾，尤其是能源资源问题已日益成为制约中国经济发展的难题，对中国的现代化建设进展有着重大的影响。要突破能源资源的瓶颈，实现中国经济的可持续发展，需要通过法治的力量来提供一个稳定、持续的解决框架，最终通过善治政府实现能源善治。现行法律法规的不健全和制度的不完善导致我国能源善治水平不高、市场机制作用不充分、公众环境意识落后、能源善治的法律体系不健全及制度不完善等问题，需要我们认真反思和研究。

4.4.1 市场机制作用不充分

政府计划与市场是资源配置的两种基本方式。在能源资源配置领域，通过政府调控与市场调控相结合的方式，提高能源的配置利用效率。可见，在建立健全能源法治、合理配置能源资源、实现能源善治的进程中，市场应该充分发挥其决定性的作用，而政府的宏观调控则起到保证能源善治按照预先计划的轨道前进的作用。目前我国的社会主义市场经济体制还不完善，还不能充分发挥其优越性，市场难以提供及时有效的刺激信号来推动企业调节资源利用的战略方向。

1. 能源产权不清晰

在市场制度中，产权制度居于核心地位。产权制度能保证主观努力与报酬成正比，从而直接决定了市场主体的积极性，进而决定了市场经济的效率。在能源市场上，产权制度集中表现为能源资源所有权和开发权制度，能源产权制度设计是否合理直接决定了能源市场机制的效率。但实际上，我国大部分能源产权不明晰，能源既包括能源资源产品，也包括传统的被视为公共物品的环境资源，如水和大气等。

我国在能源交易安排中有条件地规定了土地和矿产资源的交易权，对于其他资源的产权没有明晰的界定。企业追求利润最大化，自然会选择无偿占有资源，而将溢出的负效应转嫁给社会或他人。发达国家治理污染所采取的措施主要包括征税、补贴在内的庇古手段以及自愿协商和排污权交易的科斯手段。[1] 但由于我国的经济体制与发达国家不同以及一些其他原因，市场化手段受到一定的限制，目前我国在一定范围内已逐步开始试点工作。

2. 政企职权职责不清

政企分开是市场经济的要求，是法治的基本特征，更是善治的基本要求。当前，我国长期计划经济体制遗留下来的政企不分的问题依然存在，这在能源领域表现得尤其突出。尽管我国已初步实现了由计划经济向社会主义市场经济的转变，但仍不能完全解决此问题。一方面，能源产业在我国作为基础产业，一直被视为是关键领域，始终处于政府的重点控制之下。政府严格掌握着能源配置的权力，影响着能源领域的市场化和法治化进程。另一方面，中央能源企业掌握了能源领域的支柱型产业，这些企业由原来的行业主管部门异化而来，享有很高的政治待遇。比如，央企遍布煤炭、石油、电力和核能四大能源领域，几乎垄断了我国的能源产业。随着我国能源体制改革的推进，虽然这些央企的行政权力越来越小，但其在能源领域的垄断地位仍然使其在能源立法中拥有足够的话语权。受地方保护主义的影响，有些地方政府片面追求 GDP 的增长，对企业违规排放的行为视而不见，加剧了能源治理的压力。政府追求经济增长的冲动与能源治理责任的冲突，使得地方政府能源治理责任的纵向配置处于一种低效甚至无效的状态。高消耗、高污染、高投入的粗放型经济增长方式，政绩工程、面子工程、重复建设等政府行为，在较长一段时间内成为地方政府经济增长的主要方式。为了深化垄断行业改革，实现能源转型的目标，必须首先从产权组织结构上将央企锻造为产业组织[2]，必须斩断政府部门与央企的利益“脐带”，彻底打消以各种名义保护垄断权力的念头，通过促进竞争来打破垄断产业。[3]

另外，政企职权职责不清还突出表现为能源领域“管制俘获”或者说是能源巨头的“政策性获利”。“管制俘获”指的是监管主体与被监管对象合谋损害社会利益的现象，在中国以国企巨头尤其是能源巨头的“政策性获利”形式为突出表现形式。[4] 所谓“政策性获利”，是当前人们对国有巨

---

① 黄振中，赵秋雁. 能源法应成为一个独立的法律部门 [J]. 法学杂志，2009 (1).

② [英] 约瑟夫·拉兹. 法律体系的概念 [M]. 吴玉章，译. 北京：中国法制出版社，1996：120.

③ 阳东辰. 论循环经济发展中资源效率的法律调整 [J]. 中国软科学，2011 (S1).

④ 张维迎. 信息、信任与法律 [M]. 北京：生活·读书·新知三联书店，2003：73.

头企业通过政策性补贴获得大量权益的情形的称谓。

3. 市场信息不完全

市场经济是法治经济，有法可依、违法必究既是基本要求，也是市场机制有效运作的前提。“信息构成个人受监督的基础。”[①] 以违法犯罪信息为例，“政府不掌握与案件相关的充足信息，就无法在诉讼中证实违法犯罪行为，更不能将违法犯罪分子绳之以法。政府获取案件的相关信息，尤其是违法犯罪信息，需要支付相当的费用，这些费用构成信息成本。考虑到技术发展水平的制约以及政府自身规模的限制，政府能支付的信息成本总是有限的。由此可见，信息成本是制约法律实施的关键因素。”[②]

在能源市场上，政府和企业之间存在着信息不对称的问题。政府为了尽可能多地获取这些信息，就不得不在对企业排污等行为信息的统计和监管上支付高昂的成本，使排污企业在政府的博弈中有机可乘，逃避惩罚，也客观上造成乱排乱放现象屡禁不止。制定切实有效的激励企业进行能源管理的税费政策，需要企业各项污染指标与收益的准确信息，如排污量和边际排污成本等。[③] 然而，政府往往缺少这些信息，这导致其无法针对能源企业制定有针对性的调整规则，并对其遵守规则的实施情况进行有效的监督。

4. 能源市场定价不合理

美国经济学家萨缪尔森在《经济学》一书中对资源开发过程中的浪费是这样定义的：“使用稀缺资源，使资源存量减少和质量下降，而不支付费用或支付费用但偏离成本的现象。”根据萨氏的定义，我国目前在能源开发和利用过程中浪费现象较为严重。在很长一段时间里，水、电、气、火电的价格是由我国政府规定的，天然气、成品油出厂的价格则是由政府指导规定。受自然资源无价观念的影响，目前我国自然资源的价格仅仅考虑了资源获取过程中所付出的成本，如开采费、运输费等，并不能真实地体现资源的价值，也没有反映社会生产活动中资源消耗的机会成本和环境损害成本。因此实际价格很难真实准确地反映市场的供求关系和资源的稀

① 陈伟. 公法替代责任根据研究［D］. 山东大学，2011.

② 王志雄. 发展循环经济的若干制度创新问题研究［J］. 上海企业，2006（4）.

③ 阳东辰. 论循环经济发展中资源效率的法律调整［J］. 中国软科学，2011（S1）.

缺程度。此外，对比资源性产品之间的价格，其比价关系也是不合理的。从电力与替代燃料的比价关系看，中国单位兆焦的电力价格只相当于燃料油和天然气的70%、液化气的67%、人工煤气的56%。[①]

现行资源价格偏低带来一系列的负面效应，除粗放型生产带来的环境负效益之外，还有资源利用的浪费、企业对资源循环利用的积极性缺失、企业开发替代能源的动力缺乏等，进一步加剧了能源供求紧张的矛盾。例如，工业用水因为水价较低，水的成本一般只占产品成本的1%，因此不少工厂企业宁愿多花水费也不愿意节水，不愿投资建设循环设施，从而造成水资源浪费和低效使用。中国80%的原煤用于直接燃烧，而煤炭利用技术水平和装备能力不高，难以适应环境保护的要求，由此造成了严重的环境污染，大部分的大气污染和相当一部分的水污染都直接或间接来自煤炭的燃烧和加工。[②] 不仅如此，政府也要为采用末端治理方式治理这些污染而付出昂贵的代价。

当然，市场机制也有一定的局限性和不可克服的缺陷。能源资源的现状推翻了传统经济学理论中市场在封闭经济体上配置资源的“帕累托最优”理论。随着经济发展遭遇环境资源匮乏的瓶颈，即使达到微观经济均衡发展的状态，能源资源的合理有效利用、经济的可持续发展、环境的科学保护以及人与自然和谐共处这些目标也都无法通过市场机制自动实现。经济机制的缺陷导致自由市场经济不可能自发地实现循环发展[③]，这必将成为影响能源善治推行的制度瓶颈。长期以来，既得利益集团受传统制度“惯性”的影响，在利益的博弈中真正实现能源善治需要经历一个长期而漫长的过程。

因此，政府在完善能源产权制度上应该创新能源定价机制。在充分考虑能源资源的边际收益和成本的基础上，合理确定能够反映能源真实价值的能源价格，形成长期有效的能源价格机制，用以调整人们对能源的开发和利用行为，促使对资源进行充分合理的利用，提高能源利用效率，减少能源浪费。这是促进能源善治行之有效的措施。

---

① 郭永刚. 资源价格偏低对经济发展不利 [N]. 中国青年报，2006-02-22.

② 龚远星，王巍娜. 中国发展循环经济的几点思考 [J]. 再生资源研究，2004 (6).

③ 蔡国田，张雷. 中国能源保障基本形势分析 [J]. 地理科学进展，2006 (5).

4.4.2 有效的激励和政府导向不够

能源善治把市场机制作为能源配置的基础，但市场机制难以包罗万象，市场失灵在能源管理活动中表现得尤为突出。因此，必须正视市场的缺陷，并充分发挥政府的作用，用政府的引导优势来弥补市场盲目的缺陷。依靠政府的积极主动介入，通过行之有效的激励和约束政策来进行宏观调控，保护能源产品，扶持能源产业，维护能源善治体系，推动能源善治的顺利进行。但从目前来看，我国政府在能源市场提供的有效激励机制和良好的政策导向还远远不够。

1. 激励不足

在市场经济条件下，以营利为主要目的的企业在追求自身利益最大化的同时，必然会按照经济学原理来进行生产和经营。在能源市场中，市场的需求使得能源开采和加工利用技术快速发展，但与此同时，处理废弃物资源的技术发展则相对滞后。再加上从自然界获取资源甚至加上提取加工的成本往往比回收低得多，因此在很多情况下，开发利用新资源的成本比回收废旧资源再生利用成本更高。市场对利益最大化的追求必然会使企业放弃投资开发稀缺资源替代品，挫伤了企业从源头上节约能源和提高能源利用率的积极性。

为了解决上述问题，国外推行了严格的污染者付费政策，再生能源企业虽然与污染企业相比增加了自身的成本，但可以得到污染者的资金补偿，刺激了企业从事再生能源产业的积极性。我国的“谁污染谁治理”原则目前还停留在政策层面，缺少具体的实施细则，缺少监督排污企业等“污染者”的具体措施。所以，再生能源企业常常处于亏损状态，也就导致越来越少的投资者愿意踏足这个领域。所以，只有良好的政策导向才能形成有效的经济机制，才能真正通过市场促进能源善治的快速发展。“谁污染谁治理”是我国环境资源法的基本原则，与污染者付费制度在内容上相近，但在实践效果上却不尽如人意。

此外，我国目前的政策导向对企业的能源资源行为关注较少，政策激励不够，在生产过程中对产品进入消费领域后的过程缺乏关注，难以激励企业自主地从源头上预防污染以及对能源产品的废弃物进行回收再利用。加之政府对企业随意排放污染物的行为约束缺位，使政府与企业之间的信息不对称问题严重，导致企业在经济利益的激励下出现能源浪费严重的问题，这给推进能源的合理利用增加了难度。

2. 导向不明

能源产业是高技术、高风险的行业，技术创新是推动能源产业发展的根本动力，自主创新是决定一国能源安全的关键所在。能源产业积极推动技术创新，不仅需要大量的人力、物力和财力，更要有政府和全社会正确的能源技术创新导向。但是，我国尚未对企业投入能源技术创新的财税、价格和金融政策作出鼓励性规定，对开展能源领域的重大科技攻关和创新性研究的支持尚缺乏力度。

我国《可再生能源法》第四条规定："国家将可再生能源的开发利用列为能源发展的优先领域。"第十四条规定："国家实行可再生能源发电全额保障性收购制度。"这种全额保障性收购制度的导向性作用并不明显，仍然有待完善。这主要表现在："全额保障性收购制度行政性色彩过浓，它是政府主导的、企业负担的制度方式，不利于企业情绪的安抚。全额保障性收购制度是以政府为主导的，主要的责任要落到电网企业上，因此，很多人说该法是电网企业头上的'金箍'。"① 政府在能源环保方面的资金投入严重不足，能源环保投入在整个财政支出中所占比例过低。这显然不利于实现能源善治所倡导的清洁生产、废弃物的无害处理以及资源综合高效循环利用。②

3. 回应不够

回应（responsiveness），在一定意义上所说的是责任性的延伸，是指公共管理人员和管理机构必须对公民的要求作出及时的和负责的反应，不得无故拖延或没有下文。正如美国公共行政和公共政策学者戈尔·斯塔林所说："责任性是政府责任所蕴含的基本价值。"③ 现代民主政体要求政府应当对民众的主张作出迅速的反应。在必要时还应当定期、主动地向公民征询意见、解释政策和回答问题。这要求政府摒弃之前被动的"守夜人"

① 曾加，董飞．对完善中国《可再生能源法》的几点思考［J］．西北大学学报（哲学社会科学版），2011（2）．

② 余超文．治理理论视野下的政府生态善治［J］．安徽农业大学学报（社会科学版），2013（1）．

③ ［美］戈尔·斯塔林．公共部门管理导论：英文版［M］．北京：中国人民大学出版社，2005：142．

形象，转变为积极的管理者。能源善治中的责任性意味着政府对公众的能源和生态利益需求必须作出积极回应。当然，回应并不是否定法治，而是让公民参与受到法律保障。

德国著名哲学家哈贝马斯说过："科学为之奋斗的目标就是社会解放，是在人与人之间建立一种没有统治的交往关系和取得一种普遍的、没有压制的共识。"[①] 我国能源治理一直延续政府强势、社会弱势的传统模式，除政府是唯一合法主体外，其他非政府的社会主体都处于从属地位。政府一家独大的能源治理方式垄断了能源资源和能源信息，也导致了现行体制下的政府机关较少地在意企业或个人的利益，而让普通公众在强大的政府面前丧失更多的话语权。这在很大程度上限制了社会管理体系互动的形成，增加了公众对行政行为监督和评价的难度，导致其难以形成强烈的认同感和社会使命感。

严峻的能源形势需要社会各方重视起来，要求形成包括政府、企业、社会组织和公民个人等在内的多中心治理模式。事实上，这种模式已经得到了越来越多的认同，但长期"强政府—弱社会"的治理模式造成了社会一方的参与积极性不高以及话语权过弱等问题，使多中心生态治理模式的实现面临诸多困难和挑战。[②] 克劳斯·鲍斯曼（Klaus Bosselmann）曾说："如果民间社会加以倡导，则国家必须跟从。"[③] 善治政府应积极回应社会公众的需求，并对此及时作出正面回应，以此树立公众对政府的信心。

4.4.3 公众能源善治意识落后

善治是社会与政府对公共事务的合作治理。在能源治理领域，社会由作为生产者的企业和作为消费者的公众构成，能源善治的实现离不开二者对能源治理事务的积极参与。市场的需求就是生产的动力，同样，公众的态度是企业选择生产方式的重要依据。虽然将节能或可再生资源作为原料可能在成本上缺乏优势，但如果消费者在购买时优先考虑节能企业品牌或

---

① 阳东辰．论循环经济发展中资源效率的法律调整［J］．中国软科学，2011（S1）．

② ［新西兰］克劳斯·鲍斯曼．能源可持续发展的伦理学蕴含［J］．曹明德，邵方，王圣礼，译．比较法研究，2004（4）．

③ ［日］黑川哲志．环境行政的法理与方法［M］．肖军，译．北京：中国法制出版社，2008：4．

者环保型产品，这种企业品牌和产品便能拥有巨大的市场，那必然会刺激企业节能降耗的积极性。目前，消费者能源善治意识不强，企业和消费者之间的信息不对称，使得消费者对企业行为是否符合能源善治的要求难以作出正确的判断。

在日常生活中，与生活密切相关的用水、用电等都需要全社会的共同参与。目前，我国部分民众对能源严峻形势认识不足，对发展能源善治的迫切性和重要性体会不深，对经济发展和能源保护之间的关系和两者之间的矛盾了解不多，导致社会生活用水、用电浪费现象严重。诸如垃圾分类回收的设施虽然已经出现，但是很多人还是乱扔乱放，环境污染严重。有些地方政府为追求政绩，在发展思路上重开发、轻节约，重速度、轻绩效，片面强调 GDP 的增长，公然不顾能源资源和环境保护。这些问题对推进能源善治、提高能源利用效率带来了压力。

生产和消费是经济活动中的两个重要环节，生产为消费创造动力，而消费则促进生产。我们应当看到，生产者和消费者的能源意识尤其是消费意识，将对循环经济产生重大的影响。在欧美国家和日本，“很多消费在实际中都成为形象性消费。对高级品牌的购买欲望就反映了这一点。在这种标向消费社会中，与公害、自然破坏等否定性形象相关联的品牌和企业就不能成为应消费的对象，并丧失市场竞争力而被淘汰。所以，企业自身也必须摆出积极应对环境问题的姿态。姿态之一是绿色采购，这也加速了市场绿化”①。由此可见，消费者和生产者的环境和能源保护意识在能源善治实现的过程中都发挥着重要的作用，尤其是消费者的环境和能源保护意识，更是能够影响生产者的能源保护意识。

在我国，生产者和消费者的能源保护意识都相对薄弱。在生产环节中，生产者为实现利润最大化而一味地追求产品的更新换代，从而获取超额利润。这样的生产模式使得产品使用具有短效性，带来了资源浪费与废物的大量排放，导致了经济社会的不可持续发展，违背了能源善治的目标和初衷。在消费环节中，能源保护意识的缺乏造成消费者片面追求物质享受，不断将尚未完全使用的旧产品当作废弃物淘汰，并不断购置新产品，人为地缩短了

---

① 邓正来. 社会学法理学中的“社会神”：庞德《法律史解释》导读［M］. 北京：中国法制出版社，2002：2.

产品的使用寿命，在浪费资源的同时造成了环境污染。由此可见，公众的能源保护意识的增强对顺利推进能源善治具有重要的意义。

4.4.4 传统经济增长方式的阻碍

企业始终在追求利益的最大化，一些节能企业在生产经营过程中通过工艺改进和技术研发等方式，实现了产品清洁生产，减少了废弃物的排放量，从源头上提高了能源的利用效率，从而提高了利润。但是，这种节能型企业也存在研发成本高、一次性投入过高、资金回收周期长等阻碍。虽然从长远来看，这种生产方式减少了日后污染治理的费用，但由于短期内经济效益不显著，又缺乏有效的激励机制和优惠政策，企业自身难以筹集足够的资金来采用新工艺和更换新的技术设备，只能以技术水平和附加值较低的处理方式来进行生产。①

改革开放40多年来，我国经济在高位增长的同时，也面临着石油、煤炭等不可再生能源资源日益匮乏、环境污染日益加重的严峻事实。在历经数次石油危机之后，世界各国都认识到了能源安全的重要性，尤其是伦敦烟雾事件、美国洛杉矶化学烟雾事件、日本水俣病事件等的发生，能源和环境问题日益成为国际社会关注的问题。当前，我国正处于工业化的中期阶段，随着经济的不断增长，能源已越来越成为制约经济发展的重要因素。高消耗、高污染的传统经济增长方式已严重制约着我国经济的持续发展。受传统经济增长方式的影响，我国现阶段在以经济建设为中心的大背景下，在政绩考核机制的诱导下，各地区竭尽全力发展当地经济，由此带来的一系列问题使能源善治需要在更多的技术层面上进行探索。

实践表明，只有实现经济规模化，能源善治才能实现单位产出的能源消耗最小化。然而，目前我国企业规模普遍较小，实力较弱，无法承担一次性大量投资带来的后果，资金的匮乏自然影响到企业的技术研发。有的企业虽然实力较强，有能力采用先进的技术设备，但利用再生原料生产工艺不成熟，产品质量不稳定，成本高于直接利用自然资源生产的产品，在市场销售环节自然也比不上价格低、质量较好的新原料产品。企业生产的

---

① ［美］道格拉斯·C. 诺斯. 制度、制度变迁与经济绩效［M］. 刘守英，译. 北京：生活·读书·新知三联书店，1994：3.

产品没有市场，其实现能源善治的积极性也就受到了影响。另外，中国目前对能源善治的理解还缺乏全面系统的认识，关于能源善治方面的理论研究多、实践研究少，缺乏具有实际意义的指导与具体操作，需要政府、企业、个人和社会的努力，共同推动经济增长方式转变，为能源善治奠定基础。

能源善治是我国的一项重大决策，也是国民经济和社会发展中的一个长远战略。"如果我们不知道目的地的所在，那么选择走哪一条路都是毫无意义的。"① 能源善治在我国还处于萌芽和探索阶段，我们必须以科学发展观为指导，借鉴国外能源管理和立法经验，紧密结合我国的实际情况，总结现行有关法律实践的经验和国内开展能源善治的成功做法，尽快建立起促进能源善治的法律法规体系，实现能源领域的合理有序发展。

① ［美］哈罗德·J. 伯尔曼. 法律与革命：西方法律传统的形成［M］. 贺卫方，高鸿钧，张志铭，等译. 北京：中国大百科全书出版社，1993：6.

第 5 章　能源善治的制度设计与构建

制度规范人的行为，规定社会行为准则，是善治的结构性基础和根本保证。制度和人类社会一样，有着悠久的历史。道格拉斯·C. 诺斯认为："制度是个社会的游戏规则，更规范地说，它们是为决定人们的相互关系而人为设定的一些制约。制度构造了人们在政治、社会或经济方面发生交换的激励结构，制度变迁则决定了社会演进的方式。"[①] 伯尔曼认为，"'制度'是指为执行特定的社会任务而做的结构化的安排"[②]，或者说，"制度就是集体行动控制个体行动"[③]。制度设计是对一种思想观念的整体系统性、阶段性呈现，不局限于某个细节的结构和组织。善治是一种应然价值，意味着在能源管理中存在着价值的预设，其作为一种社会治理方式，最为重要的是在法治和德治的范围内构建合理有序的能源善治内在制度。能源善治作为一种新型的社会治理方式，变革了人类社会的生产生活观念，创新了社会治理模式，构建了我国新型能源管理关系。因此，我国能源善治应从源头管理、过程管理、技术支撑、法律责任制度等方面进行设计，以期达到能源善治的理想状态。

5.1　能源善治的制度体系创新

善治是现代民主社会治理的最佳状态，是一种社会追求。善治隐含着一个政治进展，即在不同利益同时发挥作用的领域建立一致、取得认同，从而为实施某项计划提供便利。实现能源善治，必须加强能源立法，用法

---

① ［美］约翰·康芒斯. 制度经济学：上卷［M］. 于树生，译. 北京：商务印书馆，1962：87.

② ［英］尼尔·麦考密克. 制度法论［M］. 周叶谦，译. 北京：中国政法大学出版社，2004：66.

③ ［美］戴维·L. 韦默. 制度设计［M］. 费方域，朱宝钦，译. 上海：上海财经大学出版社，2004：211.

的实现形式保障善治理念下目标的实现。在现实中，我国能源法律制度的设计缺陷和实施障碍仍未从根本上得到改善，甚至因此而使得能源问题日益严重。能源善治的制度体系建设艰苦而漫长，尤其具体到能源法律的变革，需要渐进的反思和积累，不断地探索创新。唯有如此，善治的制度体系才能稳定持久地发展。

5.1.1 能源善治的理念革新与重塑

能源善治是一个宏大的系统工程，将其发展为至善完备的体系是不可能一蹴而就的，经济社会发展的多变性和资源替代的可能性也影响到能源利用政策和制度的走向。能源善治制度创新的认知过程受制于制度绩效本身的制定实施，加之话语权既得利益者的阻挠和现行制度的掣肘，其发展道路较为曲折。能源善治的实现是一个多方利益博弈的过程，我们希求的不是一劳永逸的制度格式，而是能与社会发展达到一种互动和默契的理念共识。善治是一个使公共利益最大化的社会管理过程和管理活动，能源善治提出了全新的政治治理模式和衡量治理成效的新的规范性标准。作为一种新型的民主政治理论或者公共管理理论，其美好图景能否得以实现，势必涉及传统观念的革新与新兴观念的重塑。

1. 能源善治理念的理性设计

理性是逻辑思维的起点，法律是理性和逻辑思维的结合体。从逻辑演绎上看，要实现制度的“有效设计”。能源善治首先要回答并说明其目标值及路径依赖，解释或说明适用能源开发、利用等各个领域的共同和基本的问题。从现代社会的功能多元化上看，能源善治也体现在能源效率、绿色能源、资源能源可持续发展、政府信息公开、公众参与、能源安全等诸多方面。其中，最能体现能源善治本质的是能源安全和支持能源、环境、经济、社会和谐发展的可持续发展观，而其他目标都是以能源安全和可持续发展战略为前提或归属而展开的。

2. 能源善治的法律逻辑

如果说法律逻辑是构成一国法律规则的内在机理，那么法律框架就是法律逻辑在一部法律中的具体表现。可以说，法律逻辑和法律框架是内容与形式的关系。在法律逻辑中，法律框架是最基础的逻辑结构，对于不同地位和功能的法律框架，其影响力是不同的。受制于能源善治“龙头法”

定位的影响，法律框架的法律逻辑必须从解决能源问题的根本路径出发，根据能源善治的目标价值及路径，统一进行严谨的推断和演绎。如果将能源善治的目标值定位于能源安全与能源效率，那么实现能源安全与效率的路径就依赖于相互交融的能源要素逻辑演绎的起点。按照国家、政府、市场与技术的四个路径进行逻辑演绎，在很大程度上使能源问题与能源对策实现了有机整合与高度统一，不仅把能源善治制度提升到了一个新的高度，也使制度安排更趋于合理，为以后能源立法留有更多的弹性和空间。

3. 能源善治的制度设计

能源善治的制度设计既要考虑能源管理自身制度的构建，也要考虑制度的体系化，是“制度性和规范性的统一体”①。“任何设计的选择都可能都包含对整个思想体系的选择，而不仅仅是对某个结构或组织的选择。”② 实践中，在能源安全与能源效率的四个路径的基础上，制度设计必将是其重点。有效的制度设计应在深入研究国情的基础上进行。结合我国现实，能源善治的制度设计应该包括能源战略与规划制度、能源管理体制和管理制度、能源价格财税与金融制度、能源储备管理与应急制度、能源市场管理与监管制度、能源节约与环境保护制度、能源科技制度、能源法律责任等。从能源安全与可持续发展的路径出发，实施科学合理的制度设计具有丰厚的理论背景，在一定程度上保证了制度的先进性和前瞻性。

4. 能源善治框架的选择

选择何种能源善治框架，不仅要借助理性，还要根据法律逻辑，这是二者的整合。对于采取何种形式，按照哪种思路进行选择，理论界众说纷纭，各持己见。

在能源对策体系的构建中，能源战略与规划是能源善治的重中之重，应放在善治框架的首位。虽然政府的能源管理制度在能源善治框架中仍居于核心地位，但实际上的能源法规不仅散见于多部法律中，能源管理有关部门的权力责任也难以界定，甚至已经出现了主管部门缺位的现象。总体上来看，我国现行能源管理体制所存在的种种弊端不利于统筹规划和综合

---

① ［印度］阿马蒂亚·森. 理性与自由［M］. 李风华，译. 北京：中国人民大学出版社，2006：22.

② ［美］萨缪·鲍尔斯. 微观经济学：行为、制度与演化［M］. 江艇，洪福海，周业安，等译. 北京：中国人民大学出版社，2006：246.

协调，难以解决能源行业复杂的问题和矛盾。我国应站在战略全局的层面进行整体设计和综合变革，进一步加强能源管理体制改革，成立强有力的综合管理机构。

能源法必须作出安排，这也是能源法律制度创新的根本所在。其他诸如能源价值、能源节约、农村能源、市场监管等的研究都不可偏废。在这个过程中，能源法的出现不仅为能源善治的发展增添了沧桑与厚重，也让能源善治的技术路径在大浪淘沙后更加明确、制度设计更加成熟。当然，能源善治的逻辑演绎不是单因素影响的结果，市场化改革取向和包括行政体制改革在内的民主政治建设等多重因素都产生了影响。

5.1.2 能源善治的主体嵌入过程创新

在善治理念下，政府、企业和公民社会将文化制度、组织能力融入能源发展，即所谓主体嵌入。主体嵌入指导推动能源产业各部分以协同互动的方式发挥作用，主要体现在以下三个方面。

1. 文化制度嵌入过程

道格拉斯·诺斯称文化理念是形成制度选择和变革的本质，是“人类直立支架”[①]。要将生态主义、绿色经济、生态文明的理念作为一种文化融入能源发展中，在能源善治理念下实现生态可持续发展的演进。从文化、理念模式入手，以社会思想的转变引导制度的变革，进而影响能源战略的公共政策取向。

能源善治依赖于对其概念作出合理规范的界定，最大限度地发挥政府、企业、社会组织、公民的作用，科学地区分不同主体在能源发展中的权力与利益边界，统筹协调各种能源之间、社会主体之间的关系，让能源市场更有效、更富有生机和活力，增强核心竞争力，实现对能源发展的最佳管理。

在分权化背景下实现能源善治，应当借鉴先进国家的经验，加快能源立法，完善配套规章制度，加强行业标准和统计体系建设，积极推进能源税费改革和行政考核评价体系建设。加快能源市场建设，合理界定政府职

① [美] 戴维·L. 韦默. 制度设计 [M]. 费方域，朱宝钦，译. 上海：上海财经大学出版社，2004：211.

能，充分发挥政府、市场的作用，适当减少能源管理部门的数量。随着市场的不断发育和成熟，政府应把主要职能集中到政策制定、宏观管理及市场失灵等领域，努力为能源善治和市场有序竞争创造良好的环境。

政府不再是能源管理中的唯一权力核心，要发挥社会公众的力量。从运行机制上，引入竞争机制和公众参与机制，与政府行政手段有机结合；从决策过程上，与企业、公民相互信任、相互依赖、合作互动。英国著名历史学家汤因比在《历史研究》的“绪论”中写道：“我们应该在两类关系当中划一条清楚的界线：一类是在一个社会内部的各个集团之间的关系，一类关系是在不同社会的彼此之间的关系。”① 这种“关系”是一种特殊的关系，既存在于集团内部，又存在于不同社会之间。能源问题恰恰成为这样一种需要，同时引起集团内部和不同社会主体的共同关注。

2. 组织能力嵌入过程

组织能力嵌入旨在上下合力推动能源产业的有序发展，是指通过政府自上而下的规划、企业有序有利的介入、公民自下而上的参与，从而创造一种政治变革和草根运动相结合的善治合力模式。

首先，政府自身能力界定与治理创新。政府应先以自身为出发点，促进行政管理体制改革的发展，最终建立权责明确、政企分工、管理科学、监督有方、执行有力的行政管理体制。努力构建服务型责任政府、透明型责任政府、透明型公正政府、现代化法治政府、公共服务型政府和合作型政府，通过优化组合，提速增效，转变政府职能，提升政府形象。同时，结合立法、司法、问责、社会监督与公众听证等，强化对政府权能运行的过程与状态的监督，约束政府行政自由裁量权，并通过监督将自觉履行能源义务内化为政府机构内部的执政理念，督促和保障政府能源责任的承担和履行。

其次，企业能力构建与创新。企业是能源产业市场管理创新的主体，在能源生产、能源安全、环境保护等领域发挥了独特作用。所以，企业也应从自身出发，着力培养创新理念与节约意识；通过政策引导、市场主导，鼓励企业自主创新，推进能源特别是新能源生产开发和再生能源合理利用，使能源产品开发成为我国新的经济增长点。注重发挥企业在能源建设、开发等方

① ［英］阿诺德·汤因比. 历史研究：上册［M］. 郭小凌，曹未风，等译. 上海：上海人民出版社，1997：11.

面的作用，通过文化宣传与政策引导等方式，强化企业的公益心和责任感，使之自觉遵守行业规则，共建人类健康生活环境。

最后，公民与社会组织能力嵌入。人民群众是历史的创造者，是时代潮流的引导者。善治理论强调政府要积极回应公众诉求，回应性越强，善治的程度也就越高。“在这样一个时代里，如果没有公众的积极参与，政府很难使其行动合法化。”① 强调政府与公众和社会组织的合作管理，政府应密切与公众的互联互动，不仅要体现在口头书面上，而且要体现在实际行动中，主动接近、了解和回应社会公众的诉求，努力加大回应力度，缩短回应时间，提高回应质量。与此同时，要吸引公众参与并扩大公众参与范围，增加民众在能源管理中的发言权和参与权，促进公共决策的科学化、民主化，达到公共利益的最大化。

3. 公益诉讼嵌入过程

根据早期的普通法理论，“只要有法律权利，而且此法律权利受到侵害，就可以通过诉讼予以法律救济”②。这一论点被美国联邦最高法院在18世纪初马伯里诉麦迪逊案中确定后，一直沿用至今。但是随着经济社会的迅速发展，私权侵犯公益的现象日益增多，法律利益的检验标准不再适应诉讼实践的需要。在目前我国能源形势日益严峻的形势下，单靠私益诉讼无法有效地抑制能源浪费或生态资源破坏等行为，无法对正当利益实现有效和及时的救济。因此，引入公益诉讼制度非常必要。基于此，在我国现行有关诉讼制度和实践的基础上，应通过修改和完善行政诉讼、民事诉讼法律，引入公益诉讼等手段，辅以能源基本法律的修改，健全和完善能源权益诉讼制度，扩大司法诉讼的主体范围。这使得直接或间接受害人、检察机关、经过法律法规认可的环保组织乃至任何个人和组织都具有通过诉讼保护社会公共利益的资格，改变司法机关在能源保护中的尴尬局面与功能不彰的局面，促进能源法的利益救济功能的发挥。

显然，就能源保护而言，能源行政机关与企业往往处于被动状态，都不能很好地解决今天的问题。这需要国家与社会的广泛合作，是地方社群

---

① ［美］戴维·L. 韦默. 制度设计［M］. 费方域，朱宝钦，译. 上海：上海财经大学出版社，2004：211.

② ［英］阿诺德·汤因比. 历史研究：上册［M］. 曹未风，等译. 上海：上海人民出版社，1997：11.

能源自治能力的培养与发挥，是从政府到非政府组织，从环保企业到民间团体，从地方社群到公民个人等多元治理主体的互助，是多元方式的结合。如此说来，要实现能源善治，当前最具意义的既不是个人主义，也不是社会外在于国家的独立性和自主性，而是能源善治的多元治理。

5.1.3 能源善治的决策模式与政策导向

能源产业的发展需要一个科学、合理的政策法规体系支撑，而利益是公共政策的核心因素。通常来说，公共政策涉及的利益分为三类：具有社会分享性的共同利益、具有组织分享性的公共利益和具有私人独享性的个人利益。从我国能源产业发展的利益区分来看，可以从能源和环境约束条件中予以把握。

1. 能源约束条件下的利益区分

作为具有社会分享性的公共利益的现实承担者，我国各级政府肩负着维护能源安全的重任。在能源产业发展势头良好和发展潜力巨大的机遇面前，应当大力发展能源产业尤其是新能源产业，实现能源善治的多元化。作为具有组织分享性的组织利益的现实承担者，能源企业在有巨大潜力的能源需求市场面前，要抢抓机遇，加强管理，不断提高企业的竞争力。作为具有私人分享性的个人利益的现实承担者，充足的能源供应是个体衣食住行的重要保障，发展能源产业是满足个人生存、发展的现实需要。

2. 环境约束条件下的利益区分

各级政府作为公众利益的代表和公共利益的现实承担者，有责任和义务探寻清洁、低碳、高效的集约发展模式，改善煤炭、石油、天然气等常规能源的勘探、开发过程中伴随着的大量环境破坏和污染的局面。能源企业作为组织利益的现实承担者，在实现盈利的同时，也应当履行社会责任，参与清洁生产机制建设，两者相互统一。普通公众作为个人利益的现实承担者，深受传统能源造成的严重污染之苦（例如煤炭生产地的污染、石化企业的污染等），有享受优良的不受污染的环境的需求。[①]

在能源与环境约束条件下，利益可以分为公共利益、组织利益、私人利益，而政府、能源企业、公民个人既是公共利益、组织利益、私人利益的现实承担者，也是能源产业发展政策制定、执行的主体，推动能源产业

---

① 钭晓东. 生态文明、风险社会与环境法功能进化 [J]. 学术月刊，2008 (1).

的发展。通常来说，利益的区分与差异格局会指向优势群体与弱势群体之间的利益冲突。为了协调和处理好三种利益关系，能源产业的发展宜采用一种“政府主导＋市场运作＋全民参与”的模式，整体推进、协调发展，实现三种利益的良性互动和完美结合。政府作为公共利益的现实承担者，应当基于能源和环境的双重利益约束，从能源产业的基本政策、中长期发展规划、能源产业的培育和推动方面对能源产业发展进行政策引导，推动能源产业政策的稳定性、制度化和规范化。

5.1.4 能源法律规范体系创新

在人类发展的历史长河中，人们已经认识到能源利用与合理开发之间的关系，并逐步形成了朴素的能源保护意识。《荀子·王制》载：“草木荣华滋硕之时，则斧斤不入山林，不夭其生，不绝其长也。鼋鼍鱼鳖鳅鳣孕别之时，罔罟毒药不入泽，不夭其生，不绝其长也。”但是我国有些保护性政策规定只散见于一些政令法规中，没有形成完整的体系。随着时代的发展，能源保护需要依靠法治的力量来协调和推进，以一种务实的态度不断反思和调整，确保法律规范体系的逻辑性、整体性和活动性。“随着社会分工，特别是市场经济条件下高度分工的发展，法律机构发生一种趋势性的变化，即法律的专门化。”① 能源善治的兴起开辟了公共行政的新领域，为能源法研究提供了广阔的舞台，同时也提出充满挑战性的议题。能源善治作为能源管理的新模式，不能只停留在理论层面，只有付诸具体实践才能发挥其最大的效应。根据我国能源立法现状，笔者认为，能源产业的发展依赖于系统健全的法律规范效力体系保障。这一效力体系应当以《宪法》为依据纲领，以《能源法》《可再生能源法》《新能源开发利用法》为基础，以《风能》《太阳能》《生物质能》《核能》等专门立法为主干，外加民法等其他部门法中有关能源的规定为补充的一个法律体系。

1. 尽快出台《能源法》

能源危机带来的灾害尚未波及我国，但是能源安全在国际社会中的经验比比皆是。近年来，随着全球气候变暖，尤其是气候变化成为政治问题

---

① 李廷，陈加旭．利益分析视角下四川新能源产业发展政策分析［J］．西南石油大学学报（社会科学版），2011（5）．

以来，我国作为节能减排行动中的主要国家之一，进行制度设计与安排时必须将能源效率放在首位。当前稳定的经济发展形势再次为《能源法》带来了良好的时机。基于我国能源产业发展现状，结合国家能源产业发展战略，制定出台具有协调作用、基础地位的《能源法》。《能源法》应符合现实需要，兼顾发展要求的同时也要重视解决问题，争取在理念、思路、内容、方式等方面寻求超越和发展。首先，在立法思路上，从能源产业长远发展的战略高度综合考虑能源的开发、利用、发展，在进行相应的政策法规设计时始终保持一种全局性、整体性的思维。其次，在立法理念上，将可持续发展理念体现于能源的基本法制定中。再次，在立法框架上，应弥合传统部门法分裂状态，打破单一的单向调整格局，进行综合调整。[①] 最后，在立法内容设计上，确立能源产业发展的基本制度，如能源战略规划、能源安全制度、环境影响评价制度、经济激励制度和技术推广制度等。

2. 加强分类和专门立法

能源产业的发展离不开政府引导与政策的指引，离不开法律规范效力体系的创新保障，更离不开法律制度的健全和规范。事实上，在我国能源产业发展的法治市场环境下，我国已经开始关注建立健全能源相关法律制度。诸如建立健全能源产业发展标准、专利、检测、认证等服务体系制度，加强能源行业的管理与服务；建设产品认证、检测等公共服务平台，建立符合地方特色的国家、省级能源行业标准体系，包括多种新材料和组件的产品标准、生产设备标准和系统的验收标准等。为此，围绕制定《能源法》，加快能源行业的分类和专门立法。如针对当前石油、水资源紧缺等问题，制定《太阳能法》《风能法》《水能法》《生物质能法》《潮汐能法》《地热能法》等。

3. 修改和完善现行法律法规，整合相关法律

修改和完善《可再生能源法》《节约能源法》《煤炭法》《电力法》等现行法律法规，进一步推动石油、天然气、核电等领域的立法工作，制定法律法规及其规范性文件，对技术规范和标准等加以补充和完善。诸如对《环境法》《科学技术进步法》《物权法》《自然资源管理法》《知识产权法》《企业法》《金融法》《行政许可法》《税法》《价格法》《建筑法》《投资法》

---

① 苏力. 法律活动专门化的法律社会学思考 [J]. 城市规划汇刊，1994 (6).

等进行修订，确立较为完善的节能制度。理顺能源立法与相关制度的关系，实现各种制度的协调一致。修改现行民事、经济、行政立法，加强与新能源基本法的配合与协调。通过讨论研究，制定海洋石油、天然气管道保护，石油储备，核电管理等方面的行政法规。

4. 落实“十四五”规划中的能源规划

确保我国能源战略的可持续发展，落实“十四五”规划纲要，提出能源规划战略任务，如水电、核电、风能、天然气开发的一些推动能源生产和利用的重要规划等。抑制高能耗高排放行业过快增长，严控产能过剩行业新增项目，提高行业的入门要求，加强对经济、环保、土地、安全等指标约束。加快淘汰落后产能，大力推行产业结构调整和优化升级，建立健全落后产能退出的政策体系。努力推动传统产业改造升级，以高新技术和先进适用技术改造和提升传统产业，推动其进一步发展，促进信息化和工业化在传统产业上的深度融合。调整能源消费结构，同时在确保安全的基础上，因地制宜发展风能、太阳能、生物质能、地热能等可再生能源，进一步推动天然气的开发和利用进程。进一步形成以政府为主导，以企业为主体，以市场有效驱动，靠全社会共同参与的能源产业发展格局，加快建设资源节约型、环境友好型社会。

5.2 能源善治中的政府管理责任

能源善治关键在政府。在西方，很多学者都把善治看作政府的一种分权行为，旨在通过公私部门之间的伙伴关系和合作管理来促进社会公共利益的最大化。

5.2.1 能源规划制度

规划一般是较为全面、长远的，蕴含着对未来基本性、整体性、长期性问题的考量和设计，以最优方式达到目标而制定未来行动的决策过程，具有预测、指导、综合、平衡和调控的功能。[①] 国家层面的规划不仅明确

---

① 杨解君，谭宗泽. 新能源与可再生能源的立法需求分析［J]. 南京社会科学，2009（3）.

提出宏观调控的目标任务，还为国家运用经济杠杆进行宏观调整提供了可能，这都有利于经济政策和调控措施的具体制定和落实。国家能源规划是国民经济规划的组成部分，在性质上属于部门规划的范畴，专指政府有关部门根据国家或地区的能源资源状况和社会经济发展需要，对能源的未来利用活动作出的部署和安排。我国现正处于工业化和城市化发展时期，随着经济社会的快速发展，粗放型的经济增长方式尚未从根本上得到转变，高投入、高消耗、高排放、难循环、低效率等问题仍然十分突出，传统发展模式下的工业产品生产能耗过大，单位能耗、物耗、水耗等高于世界先进国家平均水平。基于当前我国能源发展局面，从国民经济和社会发展出发，对能源资源进行科学合理的规划和研究，有利于加强对能源工作的指导、监督和考核，增强能源工作的前瞻性和规范性，使能源工作步入有序化的轨道，实现环境、经济和社会的可持续发展。

能源发展的专项规划明确了其对促进能源和相关行业的发展所发挥的重要引领和推动作用，因此，追求规划的科学性，克服理性的各种限制，建立能源资源规划制度是正确的选择。基于规划自身或因外部环境变化而出现的非科学、非理性问题，必须通过评估机制进行及时、有效的识别，并进行相应的调整变更，以适应能源资源利用的新变化和新要求。

《节约能源法》第五条规定："国务院和县级以上地方各级人民政府应当将节能工作纳入国民经济和社会发展规划、年度计划，并组织编制和实施节能中长期专项规划、年度节能计划。"第二十四条规定："用能单位应当按照合理用能的原则，加强节能管理，制定并实施节能计划和节能技术措施，降低能源消耗。"为此，各级地方能源行政主管部门应当会同有关职能部门，结合当地实际，分行业、分地区地制定区域内的能源发展规划和计划。各企业和社区也应立足实情，建立本单位能源利用的计划和措施，具体落实工业废弃物、生活垃圾、居民节水用电等再生资源回收利用项目以及任务完成的措施。在能源资源有限的情况下，教育和引导公众合理利用有限的能源资源，建设有利于优化资源配置、节约能源消耗的长效机制，使经济社会发展与能源的开发利用相协调。[①]

---

① 杨解君. 我国新能源与可再生能源立法之新思维［J］. 法商研究，2008（1）.

5.2.2 能源考评制度

考评是决策的准备过程，也是认知过程。在这个过程中，人们参照一定的标准对客体的价值或优劣进行评判比较。[①] 我国能源消耗长期居高不下，其主要原因就是尚未建立起一套行之有效的节能降耗评价体系。在生活中，就管理制度来看，各级地方政府的政策考核还主要集中在一些硬性考核指标，例如经济增速、GDP 的总量和投资规模等经济增长要素方面，这些都是以能源消耗和环境污染为代价的发展。此外，流转税是我国税收制度的主要组成部分，目前还没有将支持企业节能降耗、减少污染物排放的目标落到实处。

现阶段我国必须要进一步完善节能降耗的有关政策和法规体系，将节能降耗纳入政府的绩效考核，实行企业目标责任制，将节能降耗的目标、任务、措施加以规范化、制度化、具体化，按照层级划分和职责分工，考核评价体系包括能源管理和使用单位、个人和责任主体的合理考核，对国家节能降耗规划的实施和落实具有重要意义。当前，我国节能降耗所需要执行的法律与政策体系建设、执行评价机制及执行的配套建设不足，政府应当以科学发展观为指导，尽快建立一套能充分体现我国现行基本国情的能源管理使用指标体系，真正体现发展的可持续性，最终实现绿色和谐发展。

建立绿色 GDP 核算体系，以定量的方式将生态环境资源的存量消费与折旧费用纳入能源管理与经济绩效的考核之中，将环境资源保护、增加居民收入、提升产业结构和地区竞争力等战略性问题纳入考核指标体系等。这有助于人们摒弃传统的经济增长观念，树立以人为本，全面、协调、可持续的绿色发展观。各级领导应树立正确的政绩观，淡化对 GDP 增长数量和增长速度的单一追求，将发展过程中的能源消耗、资源损失和环境效益纳入经济发展评价体系。这样可以使政府在决策时更加慎重、科学，兼顾对能源的管理和对环境的保护，也可以对经济社会发展所取得的收益和付出的代价有一个清醒的认识，进而对我们的后续发展能力作出正确的判断。能源善治法律制度应该对指标体系的制定、评价与考核的程序

① 熊欣．三大主线勾勒中国能源安全“路线图”［N］．中国证券报，2012-10-31．

和法律效力等作出规定，并贯穿于政府政绩考核运行当中。这必将极大地促进政府和企业摒弃传统的发展模式，推进节约降耗与资源循环利用，有效保护生态环境。

5.2.3 鼓励和扶持制度

政府鼓励和扶持制度措施对天然具有“经济人”特征的市场主体而言具有激励作用，促使其在管理上降低交易成本和提高行为效率。政策倾斜与资金支持是政府鼓励和扶持制度的主要内容，经济激励手段作为其中的一种，具有积极的效果。

1. 健全经济激励制度

经济激励制度在推动能源产业发展方面有时比单纯运用行政手段或者法律强制手段更为有效，其作用不容忽视。[①] 在市场经济和价值规律的诱导下，政府利用经济杠杆的作用，建立有利于能源循环利用的经济激励措施和正向的激励制度。

第一，税收政策。实施强制性税收政策，完善有利于能源发展的税收立法与优惠政策，积极鼓励能源产业的发展。国家对于符合节能环保、可循环利用标准的企业在税收方面应当给予政策倾斜。从未来情况看，在能源领域应当针对能源产品增值税优惠实施统一规定，完善现有企业所得税优惠政策，实行投资所得税抵扣优惠、经营所得再投资项目相对应的所得税部分返还等措施，以鼓励能源企业在能源领域投资，获得更大的发展。同时，还可以依据国情采取一些更为灵活的措施，如调整出口税收政策、免征关税和进口环节增值税等，降低能源产业成本，带动相关产业的发展。第二，政策倾斜。鼓励一些经营好并在能源产业中颇有成效的企业优先上市，为企业直接融资创造条件；对能源行业的重点项目，可以优先安排技改投资并给予财政贴息；对能源利用工作实施较好的企业给予加速折旧；对有利于资源循环发展的项目优先立项，列入重点领域，并加大投资支持力度。第三，财政补贴及低息贷款。政府可采取三种形式：一是绿色补贴，即对投资者进行补贴，如对风力发电投资者实行投资补贴等；二是

---

① 唐敏. 节约能源的法理念与制度：解读修订后的《节约能源法》[J]. 电力需求侧管理，2008 (1).

绿色产品补贴，即根据绿色产品产量对生产者进行补贴；三是绿色消费补贴，如对太阳能设备、微型风力发电设备的购买者给予补贴。[①]

2. 建立具有普遍性和可操作性的奖励制度

国家应当在立法中作明确规定，对从事能源行业的各类市场主体中作出贡献的，都应及时给予奖励及表彰；对作出显著成绩者，为国家、人民和社会直接或间接带来了综合效益的单位和个人，应当给予精神和物质上的奖励。

3. 设立能源发展和奖励基金

该基金的来源有三：一是收取的排污费、能源资源补偿费等；二是国家财政拨款；三是国内外赠款和软贷款。基金以补助性拨款、无息或贴息等方式使用，也用于鼓励先进的能源善治主体，并对能源产业领域的研发活动尤其是影响大、带动力强的能源项目和新能源项目予以扶持。

5.3 能源善治中的源头管理制度

从源头上对能源活动进行管理和控制，是一种从根本上扭转我国能源被动局面的控制方式，属于能源善治制度调整的范畴，在法律上可实现能源善治的关口前移。源头管理制度是能源善治制度实现的一个重要方面，主要包括以下四个方面。

5.3.1 能效标识制度

能效标识是一种宣传能源品质或特征的用语和象征符号，通常印在或者贴在产品或其外包装上，以标签的形式显示产品能源效率、等级、性能等指导信息。能源标识是由政府职能部门按照严格的程序与环境标准向自愿申请者颁布的表明其产品或服务符合特定要求的图案，也表明对人的身体健康和生态环境无害。能效标识制度指政府对符合能源经济要求的产品发放证明或标志，通过媒体的宣传使社会了解此类产品信息。这种由政府背书的产品特征明确，投入少、见效快，对消费者影响大，影响着耗能产品设计和市场销售。这项制度创始于德国，目前世界上已有欧盟、美国、

---

① 孙佑海．循环经济法的基本框架和主要制度论纲［J］．法商研究，2007（3）．

加拿大、澳大利亚等国家和地区实施了能效标识制度。例如，欧盟委员会于1992年9月颁布的欧盟统一能效标识法规（92/75/EEC能源标识导则）；美国1978年颁布的国家节能政策法案，1988年开始实施环境标志制度；芬兰、日本、瑞典、冰岛等国家于1989年开始实施环境标志制度。①

能效标识制度体现了能源经济的政府政策引导职能，是现代行政在能源保护领域的体现。能效标识是用来显示性能指标等用能产品的能效等级，并为用户提供必要的信息以方便消费者作出购买的决定，引导用户和消费者选择节能产品，提高其节能意识，并养成节约能源的好习惯。目前，包括美国、欧盟、日本、巴西、韩国在内的37个国家和地区已经成功实施了能效标识制度。在美国，“能源之星”的标志已被广泛应用于几乎所有的耗能产品，并已成为消费者选择耗能产品的重要标准之一。能效标识不仅有利于消费者降低能源消费成本，还有利于发挥生产者开发和生产的主观能动性，有效地推动了对高效产品的需求。

5.3.2 鼓励、限制或禁止名录制度

鼓励、限制或禁止名录，是对不符合能源经济发展要求的产品，通过政策性文件等形式，视情予以限制、禁止的行为。之所以要求制定鼓励、限制或禁止名录，并通过制度的形式予以规范，其主要目的是从政策上规范能源事业发展，加强对能源市场的管理，促进企业加强自主创新、设备更新、技术改造，引导和规范企业、消费者走高效节能之路。

制定限制名录或禁止名录，是对能源实施管理的重要措施和手段，也是衡量用能单位是否达到有关要求的准则。运用限制名录或禁止名录可以使能源管理法律法规更具有可操作性，更有利于加快产业结构调整，促进生产技术、工艺、设备、产品更新换代和产业结构改造升级，逐步推动能源工作的健康发展。这对提高资源利用效率，降低能源利用污染，实现我国经济的健康、可持续性发展具有重要的作用。

5.3.3 市场准入制度

市场准入是指“政府对市场主体进入特定市场领域的规制，它是国家

---

① 冯之浚. 循环经济导论［M］. 北京：人民出版社，2004：214-215.

对市场主体进入特定市场成为生产经营者的规制，也是国家对特定市场领域和投资活动的直接控制”[①]。市场准入是政府管制的重要内容。如果说政府管制塑造了市场产权结构，那么市场准入就是这种制度的基石。[②] 作为市场进入壁垒的一种，市场准入制度旨在消除市场经济的负外部性或使自由竞争带来的负外部性得到有效的抵制和合理的分担。[③] 当然，市场准入制度的制度成本不仅包括立法成本、执法成本，还包括该制度给市场主体行为带来的成本以及给社会造成的成本。[④] 日本学者丹宗昭信认为，市场准入是基本“公共利益”的需要而对营业自由采取的限制性制度措施，与营业自由是有冲突的。如果这种措施不符合“公共福利”，就会限制宪法保障的营业自由。我国有学者认为，市场准入实际上也是对资源的非强制性支配，在某种程度上是法律而不是市场对市场主体作出选择，因而其适用应限定在一定范围内。[⑤]

市场准入制度是国家干预市场、为克服市场经济的弊端而普遍采用的一项法律制度，也是对能源市场进行管理和监督的重要手段。我国在《产品质量法》《环境保护法》《标准化法》《消费者权益保护法》等法律法规中都作了相关规定。作为政府监管能源市场的一种手段，市场准入制度的目标是以许可的形式对进入市场的能源产品进行适当限制，以这种微观性手段弥补市场的缺陷，强化政府能源善治的责任，目前可在能源领域解决长期困扰的用能浪费、环境污染、政策缺位以及新能源产业市场附加值不高、缺乏核心竞争力、难以在市场立足等问题。因此，能源善治下的市场准入制度应从限制性市场准入和市场优先准入两个方面加以理解。

所谓限制性市场准入，主要是指政府或有关职能部门通过设定一定的形式，限制和禁止能源浪费和环境污染产业进入市场领域。从实际情况来看，限制性市场准入制度又从三个角度出发。一是产业准入，即对能源消耗大、资金投资大、环境负荷高的重点产业，如钢铁、冶金行业，新能源

① 金瑞林. 环境法学［M］. 北京：北京大学出版社，1999：165-166.

② 王文革. 循环经济激励制度存在问题与对策［J］. 环境科学与技术，2006（12）.

③ 张勇. 能源基本法研究［M］. 北京：法律出版社，2010：182.

④ 廖志雄. 市场准入法律制度研究［M］. 经济法学评论：第4卷. 北京：中国法制出版社，2004：247.

⑤ 史际春，邓峰. 经济法学评论［M］. 北京：中国法制出版社，2004：250-255.

领域投资过热的煤炭、电力等行业实行环境准入制度，限制这些产业的发展。二是技术工艺准入，即对能源产业的诸多要素，通过设置严格规范的标准和条件，淘汰落后产业，限制传统技术工艺进入市场，以避免造成能源过度消耗和浪费。三是特许产品环境准入管理，即对重点耗水、耗电、耗能和污染严重的企业和产品实行严格把关，对未达到国家最低能源标准和指标的产品，通过政府强制力手段禁止其在市场上生产和销售。

市场优先准入，即资源节约型和环境友好型技术、产品等可以优先进入市场。例如，利用先进科技的节能项目、新能源的开发利用项目和产品在进入市场时，政府应有相应的优惠措施；对利用可再生能源资源生产的产品和项目，政府应当给予优惠政策进行鼓励，如优先立项、税费减免、财政补贴、投资倾斜等；再生产品在市场中往往不占优势，普遍存在价格高、进入市场困难等制约因素，政府要采取一定的帮扶措施。

在能源善治下，应打破政府和大型能源企业对能源市场的垄断，积极鼓励民间资本和民营企业进入市场。《中国的能源政策（2012）》白皮书对开放民间资本、鼓励民间资本多元化参与能源建设等作出了明确要求，并提出措施支持民间资本全面进入能源、新能源和可再生资源产业，这为民间资本进入能源产业领域提供了政策法律依据。政府应以现有法律规范为基础，完善鼓励引导民间投资健康发展的配套措施和实施细则。例如，制定具体的风能产业市场准入标准、光伏产业市场准入标准等，对于已经掌握了本领域核心技术且产品门槛和利润都较高的新能源产业发展主体，给予政策倾斜。同时，培育多元化市场主体，打破能源市场行业垄断的格局，打破市场准入中的所有制歧视，推进能源体制改革。

此外，要坚持政企分开，科学区分政府职能和市场职能，鼓励能源企业公开上市，继续深化能源企业所有制改革，减少个体企业垄断。清理、减少和规范现有市场准入审批事项，扫清企业进入市场的障碍，建立健全新的行政事项审批机制，建立更加公平、规范、透明的审批制度，促进市场公平竞争。实现第三方监管，建立独立统一的监管机构，不断加强对垄断企业和高污染、高耗能企业的成本核算与监管。同时，要加强和鼓励社会监管，营造更加公开、透明、合理的市场准入管理规范体系。

5.3.4 能源价格制度

“市场是一部复杂而精良的机器，通过价格和市场体系对个人和企业的各种经济活动进行协调。（市场）也是一部传递信息机器，能够将数十亿的各不相同的个人的知识和活动汇集在一起。”① 价格是政府调整和干预市场经济活动的重要经济杠杆，是引导和促进能源节约利用、优化资源配置、加强能源管理的最基础、最主要的有效手段。能源价格不仅能反映能源市场的需求，也反映能源的稀缺度以及能源的环境成本。价格作为重要的经济杠杆，有利于市场的建立和培育、各种利益关系的调整以及能源配置优化等。

以能源价值和供求关系为依据，合理制定和调整能源的价格是建设资源节约型社会的重要前提。但是，长期以来的传统观念形成的自然资源“无价论”，导致我国实行“能源无价，能源产品低价”的供给制度，尤其在一些特许行业，仍然实行政府指令价格或指导政策价格，使许多能源价格未能真实地反映能源的稀缺程度和供求关系。如“市场煤”和“计划电”导致煤电冲突不断，而国家控制终端销售价格导致炼油企业、天然气企业亏损。现行资源价格偏低带来的一系列负面效应，除粗放型生产带来的环境负效益之外，还有资源利用的浪费、企业对资源循环利用缺乏积极性、企业缺乏开发替代能源产品的动力，这加剧了能源市场供求紧张的矛盾。因此，要充分考虑能源的边际收益和成本，合理制定能源价格，利用价格机制促进人们对能源资源进行充分合理的利用，减少资源浪费，提高资源的利用率，这是能源善治的应有之义。

能源善治应该明确能源定价是以市场为主导，以政府管理和监督为辅。过去能源行业基本实行政府定价，必须改革现行定价机制。但这并不等同于能源定价不再有政府的干预，而是政府在能源市场价格方面发挥调节作用，解决单靠市场无法解决的能源外部性问题。“能源既有公共产品的性质，还有自然垄断的性质，政府必须有所作为，解决市场不能解决的问题。”② 构建能源节约利用的价格机制：其一，要建立层次齐全的能源价

---

① 曲振涛，杨恺钧. 规制经济学［M］. 上海：复旦大学出版社，2006：91-92.

② 李艳芳，林树杰. 可再生能源市场准入制度研究［J］. 中州学刊，2010（2）.

格体系，形成政府对自然资源价格市场宏观管理的控制标准，逐步建立合理的能源价格体系；其二，要规范能源价格决策机制，对市场形成的能源价格要严格按照审批程序进行审批和监督；第三，要逐步推进能源价格改革创新，依法全面整顿价格秩序，推进实施阶梯式价格制度和能源超额耗费性的收费方式，从价格机制上促进能源节约利用。

能源产业的发展需要依赖定价制度的改革，囿于环境与能源资源的公共性，我国在能源价格体系方面一直处于尚未理顺的状态，对于新兴的新能源产业也是如此。为了体现新能源产业的独特优势，推动新能源产业的进一步发展，应当将环境成本内部化。将环境的外部成本纳入能源资源的价格体系之中，这有利于促进新能源产业以价格优势获取竞争优势，实现可持续发展。

政府应认识到合理的价格是由市场形成的，整个能源体制改革的关键和核心内容之一就是建立以市场为基础的价格形成机制。此外，要放开市场，还需打破垄断。从现阶段能源改革来看，还应培育多样化的市场化主体，放开定价权，让处于弱势的民营、外资企业进入能源市场。通过引入竞争机制打破国有企业垄断，才能打破国企“一家独大”的局面，实现与国企的公平竞争。从长远来看，要使价格形成机制符合市场长期发展的要求，政府还需要理顺产业链，建立煤电联动机制、成品油机制等，不断完善价格形成机制。

5.4 能源善治的多元主体制度

按照善治理念，将多元市场主体融入能源管理，必将为能源善治开辟出更为广阔的思路和有效的途径。要协调系统各要素之间的关系，从而使可持续发展达到系统整体最优。善治理论作为一种全新的能源治理理论，强调主体的综合性，主张政府与公众之间积极合作互动，其核心理念是强调国家与公民社会的合作、政府与非政府的合作、强制与自愿的合作。在实践中，我国目前仅靠政府施加权力影响并不能从根本上解决能源问题。相反，这种政府权力的影响不但不能激发公众保护环境的积极性，亦无法保障公众合法的能源利益，反而会成为公众参与能源善治的阻碍。从根本上看，我国这种自上而下的能源管理模式亟待与自下而上的能源管理模式相结合，实现能源善治的多元治理。

5.4.1 政府

英国学者罗茨认为，社会作为一种自组织网络，政府只是统治阶级意志的执行者。也就是说，除政府作为治理主体外，还有许多非政府的行为者。公共的、私人的以及自愿部门之间的界限变得灵活了，模糊了。虽然参与公共管理的主体众多，但政府处于核心地位，并且人们始终在不断追求着善政或仁政的政府。但究竟何为善治政府，目前在学界仍无定论。笔者认为，善治政府更多地强调政府在实现善治的过程中所应发挥的作用和责任承担。在善治治理模式下，社会资源配置将由政府的“有形之手”和市场的“无形之手”协调配合完成，政府的角色更多的是掌舵者而非划桨者，是协调者而非控制者，是公共品的提供者而非生产者。政府配置资源的垄断地位将会被打破，它不再是社会管理的唯一权力主体。在得到公众认可的情况下，社会组织甚至个人都有可能成为社会权力的影响因素。从中国传统社会来看，我国政府实现善政向善治的转变，能源善治便有了可靠的组织保障。

在能源善治的过程中，政府以国家代表者的身份出现，具有双重的主体性质。一方面，政府作为国家的管理者，履行能源管理的宏观调控和监督管理职能，运用政府的多种调控手段，优化能源配置，推行能源循环利用；另一方面，国家作为能源资源的所有权主体，通过制定法规、政策激励有利于能源合理利用和环境友好的产业、技术工艺和产品，综合行政干预、经济杠杆、奖励扶持等行政或市场手段，加强市场监管，提高市场准入门槛，协调解决在生产生活领域产生的环境污染、生态破坏等问题。

与传统管理理念相比，善治理念更为科学，具有更为合理的理论基础。当然，达到善治这一公共利益最大化的管理目的不可能是一蹴而就的，政府要朝着谋求良善生活的公共利益方面不断发展。在善治视野下，政府更应具备高度的责任感，否则公民与政府的合作局面就难以形成，善治自身所要求的合法性、责任性、透明性、有效、回应、稳定、参与、公正、廉洁等就难以体现。责任性不仅要求公民个人对自己的行为负责，更要求公民对自己职位或者单位、团体等机构所产生的职责及义务负责。后者更强调政府管理人员及管理机构要避免失职或责任缺失。树立善治理念是实现政府能源善治的基础，政府职能部门应当在发挥上述职能过程中尽职尽责，高效协作。

长期以来，我国政府对于能源行业管得过多，在某些领域甚至形成了行政垄断。政府、市场与社会调节相结合的有效机制缺位，产生一系列额外的效率成本、反腐败成本等，造成大量的财政投入空置。随着我国社会主义市场经济体制的不断完善和社会力量的逐步壮大，政府在能源监管方面应该着力去管理那些市场调节不了、社会力量不能也不愿管的部分。政府采取这样有选择的管理手段，其管理对象更加专一，带来了整个政府整合能力的增强。政府对社会和市场的“授权”或者“放权”绝不是“弃权”。政府定位越准确越有利于发挥政府职能，有利于凝聚政府、市场和社会力量。由此可见，依赖传统的行政管理手段难以解决能源领域中存在的问题，中国的能源问题迫切需要从传统的治理模式实现向能源善治的转型。这一转型不仅意味着政府自身向生态型、服务型政府转变，更是“追求实现人与自然的自然性和谐”① 的体现，而且意味着政府能源治理理念和方式的根本性转变。

5.4.2 企业

企业作为主要的市场主体，把土地、资本、劳动力、管理等生产要素集合起来。企业经营有计划、有组织并讲求效率，在经营中承担一定的风险，而最终目的在于追求利润最大化。

企业管理是一种机制，其本质是在于资源配置。企业家首先要完成的是优化配置社会经济资源，降低社会交易成本，但其前提是促进社会发展。对现代企业与社会关系的反映是“从社会到社会”，这也是企业社会责任的本质。企业在社会中获取效益之后，巧妙地将其运用到社会中，这种做法对于承担社会责任和增加获得利益机会有重要的意义，其根本任务就是在不断创造经济效益和社会效益中实现两者的和谐统一。

参与能源善治就是企业实现经济效益与社会效益统一的有效方式。面临工业企业活动对能源的破坏，如何协调工业企业活动与能源的关系，使

① ［美］道格拉斯·C. 诺思. 经济史中的结构与变迁［M］. 陈郁，罗华平，等译. 上海：上海三联书店、上海人民出版社，1994：25.

其发挥更大的正面效应，是人类共同面对的重大课题，也是企业目前具有重大意义的目标方向。企业是社会的细胞，企业利益源于社会，企业不能只享受社会赋予的条件以及机遇，还应该以符合伦理、道德的行动回报和奉献社会。

企业作为市场经济活动的主要参与者，其在生产经营中按照相关的法律法规获取资源，充分发挥它们的经济效益和社会效益，具有实现特定经济、科学、社会等领域管理的权利，这是环境权理论中各主体平等享有环境资源权利内在规定的外化。同时，企业肩负着合理开发和利用资源、实现能源善治的责任，其生产经营活动直接关系着整个市场经济的发展。自从工业化、城市化以来，企业的活动对环境造成了越来越大的影响。在当前能源资源危机日益严峻的背景下，企业在其发展过程中应合理使用能源资源。企业在生产经营中要采取科学的生产技术和生产体系，在企业内部推行清洁生产和ISO14000管理体系，减少产品和服务中的物料和能源使用量，通过技术、工艺、设备改选来提高资源利用效率，使企业在能源善治中能更好地发挥作用，推进能源善治的健康发展。

在能源善治下，企业既是市场主体，也是能源生态责任主体。近年来，能源企业的社会责任和生态意识逐步增强，其在追求经济效益的同时，也更多地意识到维护能源可持续发展的重要性。政府与企业、企业与国内国际的绿色环保组织就节能降耗、环境友好的谈判协商等“自愿性协议”（如合同能源管理）和获得绿色能源认证等“自愿性政策”正逐渐兴起，并成为未来企业生态发展的一个重要方向。政府与企业能源在生态目标上的一致性使企业成为实现我国能源善治的生力军。由此可见，实现政府与企业的良性互动，通过行之有效的制度安排和手段，让企业在追求利润的过程中成为能源善治的重要主体，是实现能源环境可持续发展的重要举措。

5.4.3 公众

公众是能源善治的重要社会力量。从社会范围看，政府和公众都是能源善治中不可或缺的参与力量。公众有权参与公共管理活动，是公共决策合法性的基石。这相当于给公众利益表达的机会，能够有效增进政府与广大群众之间的沟通。公众参与现代国家公共事务管理，为保证行政决策的民主性、科学性，要求国家行政机关在规则制定和规则执行的所有环节进行严格把关，切实保证公众能够按照自己的意愿进行利益诉求，基于对这些意见的充分思量评估，才能有最终决定的出现。①

能源决策作为一种行政决策，主要体现为两种行为：其一是能源行政规章制定方面的抽象行政行为，其二是能源相对人未来权益影响方面的具体行政行为。在这个过程中，广泛引入公共参与是一种满足能源善治正当化需要的有效选择。目前，我国公民参与更多地表现在公共管理和政治意义上，大多局限于选举范围内。这样的公民参与，最多只能作为决策层面上的间接参与。对于在国家公共事务决策中的执行、决策之后的质效评估等，公民的参与度则严重滞后。为此，只有从法律上加以完善，才能保障其作用的发挥。有些专家认为，大多数的西方法律要求在香烟盒上注明“政府警告公民，吸烟危害健康”，这里法律发挥了理念昭示作用。②

在实践中，我国社会公众能源意识淡薄，参与能源管理的渠道不畅通。著名宪政学者郭道晖曾指出：“公民和社会组织的权利是约束与平衡国家权力的一种社会力量，在一定条件下还是决定性的基本力量。”③ 在行政决策制定的过程中广泛引入公众参与，是一种满足行政正当化需要的有效选择。在能源善治过程中，各个主体，包括政府、专家、公民等在内，有平等的地位和话语权。从法律上看，公众参与所必需的权利应包括知情权、提议权、决策参与权、监督批评权等。因此，健全和完善能源善治公众参与机制，畅通上下沟通交流渠道，对于提高公众参与能源管理的责任意识显得尤为重要。

能源善治中的公众参与作为一种制度安排，应贯穿于能源基本法律实施的全过程。依据公众参与能源善治实施阶段的不同，不断健全和完善能源项目信息公告制度、公开听证制度、能源管理状况公布、公众参与能源决策异议、信息沟通反馈等，通过听证会、专家咨询会、公众代表恳谈会等形式，依靠公众的智慧和力量，在合理合法的范围内不断扩大公众对能源管理的知情权、提议权、决策参与权和监督权，增强能源决策的民主

---

① ［美］乔治·弗雷德里克森. 公共行政的精神［M］. 张福成，刘霞，张璋，等译. 北京：中国人民大学出版社，2003：77-78.

② 黄爱宝. 生态善治目标下的生态型政府构建［J］. 理论探讨，2006（4）.

③ 郭道晖. 社会权力与公民社会［M］. 南京：译林出版社，2009：223.

性、科学性和透明度，防止决策失误。

5.4.4 行业协会

行业协会不仅是一种独立于政府与企业之外的社会团体，还是一种典型的非政府组织和非营利性组织，具有自主性、自律性、中介性和公众性等特征，在政府与市场之间发挥着中介的作用。一方面，作为非政府组织，行业协会在规范经济领域的企业行为方面具有较强的灵活性和适应性，可以克服政府机构效能低下、易生腐败等弊端；另一方面，从企业角度来看，行业协会能够发挥企业与市场、企业与政府、企业与企业之间的中介作用，为企业提供各种服务。

在能源领域，我国先后出现了一些行业协会，如中国新能源行业协会、深圳市新能源行业协会、江苏省可再生能源行业协会、中国农村能源行业协会、南京市新能源行业协会等。这些行业协会致力于推进行业协会内部的技术经济信息交流，建立会员与政府、社会及国内外相关组织间的联系，推动新能源技术的进步和推广。除此之外，还提供交易、技术和信息服务给世界新能源企业。[①] 受现行体制和传统观念的影响，在根本上没有改变我国传统的"大政府、小社会"的格局，显而易见的是现在有的行业协会具有"官民双重性"和过渡性等特征，尤其是有数量非常庞大的存在于体制内的行业协会仍旧带有浓厚的行政色彩。2007 年国务院为了解决体制外行业协会由于缺乏政府支持，往往具有力量较小、作用不大的问题，发布了《关于加快推进行业协会商会改革和发展的若干意见》，其内容不仅包括行业协会的治理运行机制、角色和功能，还包括管理体制以及发展措施。[②]

借鉴国外先进经验，结合我国能源行业的特点，积极推动能源善治健康发展，必须重视行业协会作用，发挥行业协会的影响力。认真审视影响和制约行业协会职能作用发挥的制度羁绊，加强对行业协会特别是能源行业协会建设，理顺体制机制。在法律制度层面上，加强专项法规制度建

---

① 杨静慧．善治语境下公众参与公共决策的困境及路径优化［J］．重庆理工大学学报（社会科学版），2013（2）．

② 王树义．环境法系列专题研究：第 3 辑［M］．北京：科学出版社，2008．

设，从根本上消除影响其职能发挥的机制和体制障碍，使其真正履行社会中介的职能，在政府部门与会员单位之间发挥好桥梁和纽带作用；协助政府部门进行能源行业管理，帮助能源企业改善经营管理，反映和维护能源企业的共同愿望和利益诉求，促进能源善治事业的健康稳定发展。

5.4.5 社会组织

社会组织作为能源利益的直接相关者，其参与能源管理的意愿较为强烈。从20世纪60年代开始，面对全球性人类生存危机，世界上出现了很多旨在保护生态环境与资源的社会组织，如环保NGO就是以保护生态环境为特定目标的社会组织。中华人民共和国成立以来，特别是改革开放以来，由于环境危机的加深，民众的环境意识不断提高，越来越多的民众逐步从依赖行政机关的保护转向寻求社会组织的帮助，各种新的社会组织、经济组织以及新的社会阶层如雨后春笋般出现，促进了社会各项事业的发展。

社团等中介组织是沟通政府与公民的重要桥梁，作为政府和私营部门之外的第三种力量，社会公众和社会组织弥补了政府失灵所带来管理和服务真空，缓解了政府传统行政管理手段所带来的不利影响。因此，政府应当给予充分的政策支持，包括组织登记、优惠政策以及让渡部分环境管理权等，通过公众参与来增强能源决策的民主性、科学性和透明度，降低决策的风险和政策执行的成本，防止决策失误。

善治理论强调社会公众的广泛参与，尤其在涉及公共利益和安全的重大能源决策中，高度重视公众参与，积极听取有关行业协会、企业和社会公众的意见，这既为公众政治参与提供了方便，也避免了公众参与的盲目性，为政府在与其他社会组织的互动博弈中赢得了主动。公众参与表达民意诉求，不仅降低了民意收集的成本，简化了程序，也在一定程度上放大了个体的利益主张，避免了对少数人利益的忽视，也避免了决策机构低效的信息处理。

从现实情况看，广泛听取公众意见，确保相关利益关系人被赋予发言权，保证决策切合实际，这既是对执政能力的检验，更是对能源善治成效的考验，应引起政府的高度重视。作为责任政府，一方面应当通过制度程序建设拓宽社会组织参与能源治理的渠道，扩大公众生态参与的范围；另一方面，鼓励和引导真正具有民间性和自主性的环保社团组织，以非营利性机构身份参与能源善治的政策研究、法规制定、理论探讨和工作推进中来。组织开展能源技术服务和新技术、新工艺、新材料、新设备推广宣传，在发挥中介机构作用的同时，各级政府应当创造有利条件，给予积极的支持和引导，提供必要的人力、物力、技术、资金和政策支持。这样有利于调动社会各界的力量，最大限度地缓和能源领域的各类矛盾，在全社会范围内形成能源善治的整体合力。

5.5 政监分离与行业反垄断制度

目前我国的能源破坏和浪费行为屡禁不止，在很大程度上是因为能源管控上“政出多门、利益纷争”，以及由此引发的相互推诿和权力寻租。伴随着人类文明向生态文明的演进，人类社会的发展也进入了一个新的阶段。后工业时代在创造巨大物质财富的同时，也给人类带来了难以想象的风险。为防止行为主体权力的滥用，应特别重视能源监管中的政监分离制度。政监分离制度不仅有利于克服能源市场化配置的自发性、盲目性和不公平性等缺陷，还可以加强对能源的统一管理，摆脱部门利益观念的束缚，进而促进能源整体效用的发挥，实现区域、行业之间的平衡发展。能源领域的垄断现象也非常严重，应打破传统国有企业的垄断，使更多的民营资本进入能源市场。政监分离制度和行业反垄断制度形成合力，才能营造一个公平竞争的能源市场和有序合理的能源管理秩序。

5.5.1 政监分离制度

政监分离制度广义上具有政企分开之意。政企分开是将能源监管机构的监管职能与被监管企业的职能分开，防止出现企业监管自身的现象。这不仅是改革传统计划经济体制、顺应社会主义市场经济发展方向的现实之需，也是克服监管机构受制于被监管者等利益相关人这一弊端的需要。

设立独立的第三方能源监管机构，使其独立于传统的行政管理部门和被监管的企业，行使“监管”的专职。不但要在法律上明确规定其独立地位，还要避免虚置，赋予其相应的权力和职责。独立的第三方能源监管机构应当有专门的经费来源，独立于政治和选举官员。市场是经济人活动的基本场所，对能源及能源环境的影响具有集中性和特殊性。所有与生态责任相关的行为，如企业的产品环境质量标准、生产过程及其技术等，都发生在市场范围内，并基于市场反应而走向规范或失范。作为独立于市场之外的第三方，能源监管机构对市场的监管具有重要意义。能源监管机构不仅保证了市场的有序运行，在一定程度上避免了市场失灵，还有利于惩罚破坏市场规则的企业，让市场上具有破坏生态环境行为的相关主体付出代价，增加其违法的成本。政府主要承担的职能是制定宏观政策，研究拟定能源发展战略、规划和政策；独立的能源监管机构应当依据国家的法律法规行使检查监督等微观监管职能。能源监管机构的监管职能理论上应涵盖从源头管理到能源使用再到市场运行等各个环节，即能源生产和运行的全过程。

政监分离制度实际上是为了形成合力，政府和能源监管机构各司其职，更好地对能源进行全方位监管，达到能源善治。因此，政府和能源监管机构一方面要加大对严重破坏能源环境、浪费能源资源等违法违纪行为的查处力度；另一方面，也应设置能源管理使用的强制性标准与规范，建立高耗能和高耗水落后工艺、技术和设备强制淘汰长效标准，完善重点耗能市场准入制度。要顺应加强社会性监管、放松经济性监管的发展趋势，实现社会多主体参与监管，继续巩固能源环境、能源安全、节能和能源效率监管机构的职能和地位。在实践中，通过强化政府及职能部门的职责，完善监督管理，减少审批环节，加强制度之间的协调性、统一性、互动性，完善各项制度的管理程序和具体实施办法，增强制度的可操作性。[①] 在理论上，加强环境资源法律制度的研究，为能源善治理论的创立与完善提供科学依据。

在2013年我国新一轮机构改革中，国务院取消了电力监管委员会，国家电力监管委员会和能源局职责整合，重新组建国家能源局，进一步加强能源发展改革和能源监督管理的统筹工作。国家能源局将继续由国家发展和改革委员会管理，该委员会主要负责协调国家经济和社会发展计划与能源计划。在其管理之下，国家能源局的主要职责为拟订并组织实施能源发展战略、规划和政策，负责能源监督管理以及研究提出能源体制改革的建议等。这是我国能源机构改革的一个重要变化，有助于建立“政监合

---

① 郑少华，张其帆．从综合利用到循环利用：立法思路的变革［A］．冯之浚．循环经济立法研究：中国循环经济高端论坛［C］．北京：人民出版社，2006：339.

一”的能源领域的权力分配格局，以破除在当前我国能源监管复杂局面下监管机构可能缺少实权的弊端。

能源管理法律制度在推进能源市场化改革过程中不断完善，进而慢慢独立出能源监管机构，逐渐实现从“政监合一”发展到“政监分离”。除此之外，根据目前我国能源行业煤炭、石油、天然气、电力、核能等分行业监管的实际情况，分行业监管将发展到集中统一监管。从国家能源安全和经济可持续发展的长远需求来看，能源管理体制集中统一是重要任务，我国应集中各部门政府的能源管理职能，组织建立综合性能源管理机构，由此形成科学规范的国家和地方各级能源管理体系，形成上下互动、左右协调的工作机制。随着市场化程度的不断提高，我国应适应社会主义市场经济转型，实现能源监管转型，将监管的重心放在提高能源利用效率、保护生态环境、维持能源市场秩序、促进有序竞争等方面。能源监管体制改革应当顺应能源善治趋势，进一步推进能源行业市场化改革，建立一个政监分离、职能完善、独立运行、实现有效监督与制衡的现代监管体制。能源管理情况复杂，各构成要素及其运转环节的监管应与之相适应，因此培育更多的能源市场主体，提高能源行业的经济运行效率，应当充分发挥市场在资源配置方面的决定性作用。无论今后我国能源监管机构如何设置，都必须要改变目前这种职能分散、机构重叠的配置状态。为实现能源准入、价格、市场、投资和运行各个环节的法律保障，理顺计划与市场、垄断与竞争的深层次矛盾，就需要能源监督管理的相关法律的建立和完善，加快《能源法》等基础法律的立法进程。①

5.5.2 能源行业反垄断制度

能源产业是一个特殊行业，具有综合性强、市场集中度高的特点，涉及国计民生和战略安全等重要和特殊行业。中国目前能源行业改革与发展障碍重重，但最大的障碍是行业内违反市场经济规律的行为，如垄断经营和区域市场分割等。从能源经营和管理主体上不难看出，我国大多数企业尤其是央企普遍具有强大的市场控制力，能源管理部门与能源管理体制暗

---

① 马英娟．监管机构与行政组织法的发展：关于监管机构设立根据及建制理念的思考［J］．浙江学刊，2007（2）．

含摩擦和隐患。这就使能源企业的垄断及限制竞争行为与政府行政权力交织在一起，能源行业的市场竞争格局并未完全形成。

从理论上讲，按照传统法学的观点来分析，能源监管与反垄断法两者具有一定的关联性，在一定程度上构成了对能源产业内垄断的立体规制。能源监管是以承认垄断为前提，反垄断法则以否认垄断为前提，二者相互包容，贯穿于能源系统的各个环节。20世纪70年代末80年代初以来，与国际能源市场进程相对应，世界各国能源管理体制历经了重大变化。当前，世界能源领域更加积极广泛地运用众多的市场要素，许多国家权力和法律机构都制定了有关反垄断、鼓励竞争以及反价格控制的标准性法律文件，将能源市场自由化作为维护能源安全的重要手段。竞争的引入意味着国家不再依靠对国有企业的垄断来实施其政策。当前国家间的能源贸易越来越普遍，我国需要一个稳定、成熟、有序的国际国内能源贸易秩序，这既是国际能源市场发展的要求，也符合中国的国情与和平发展的战略。我国目前的能源市场化改革滞后且不协调，其原因在于政府允许行政干预和企业垄断同时存在，使得能源价格不能真实地反映资源的稀缺性，更难以反映出真实的供求关系和使用成本，这在一定程度上难以调动企业和个人节约能源的积极性。因此，必须打破能源市场上的行业垄断和政府干预，理顺部门之间的利益关系，建立反映市场供求和资源稀缺程度的价格形成机制。

从市场经济体系建设方面看，除一些事关国家安全和发展战略的能源要素价格尚处于管理当中之外，我国诸多竞争性行业已逐步开放。但在行业进入方面仍存在资本的身份歧视，尤其对民营资本的歧视还比较严重。欧美国家在实现能源市场化改革时，注重发挥法律的引导与保障作用。相反，我国法律准备比较滞后。我国现有的能源法律框架仍以政府的行政控制权力与国有企业的垄断利益为基础，没有明确规范各市场主体的行为准则，缺乏市场化及监管制度的设计。

在能源领域实行多元化投资制度，可以为民营企业、外资进入一般性能源行业清除障碍，从而有助于打破能源行业的垄断局面，促进整个能源行业的健康发展。由此可见，能源管理相关的法治化建设道路还很漫长。为实现能源产业的有序竞争，政府于2007年制定了《反垄断法》，这有助于预防和制止能源领域的垄断行为，打破能源产业领域存在的与社会主义市场经济相悖的垄断行为，维持市场的公平竞争，提高经济运行效率，更好地维护消费者和社会公共的利益，从而促使社会主义市场经济健康长远发展。

5.6 能源储备、应急与法律责任制度

为了提高能源应急能力，保障能源供应安全，建立能源储备管理与应急制度是十分必要的。能源善治的法律责任制度在打击污染、破坏能源犯罪、惩处能源犯罪分子方面具有至关重要的作用。

5.6.1 能源储备管理制度

能源储备管理制度包括能源产品储备和能源资源储备，是建立国家能源安全应急机制的重要部分。从世界范围来看，由于各国自然资源禀赋和政治经济体制的差异，各国能源战备储备制度也各不相同。早在 20 世纪 80 年代，我国就探讨建立能源战略储备制度，但能源储备制度一直未引起足够的重视。1993 年开始，随着对外开放的不断深入，我国对能源的依赖度逐年提高，原油、成品油等进口急剧增加。1996 年通过的《国民经济第九个五年计划》和 2010 年远景规划明确提出要“建立国家战略石油储备，维护国家能源安全”。2003 年 4 月成立国家能源局，能源战略石油储备问题首先被提上了议事日程，目前我国已建有镇海、舟山、大连和黄岛四个战略石油储备基地。综观世界西方发达国家，它们都非常重视建立能源战略储备制度，当前我国无论从产业结构还是在战略规划等方面都相对落后，也难以在纷繁复杂的国际竞争中占据优势。由于能源储备情况复杂，在建设过程中受国际国内市场影响冲击，中国对能源的需要仍然呈迅猛激增趋势，加强能源储备尤其是石油储备无疑是我国能源战略储备的重点领域之一。迄今为止，我国石油存储量相对较少，对于战略储备石油的使用、管理、保障等都未立法，缺乏明确的战略石油储备的运行和管理机制，在复杂多变的国际政治形势和经济全球化的国际能源市场面前，难以适应国际竞争的需要。

我国的能源法治建设尚不健全，从现有法律无法提供理论保障。从现行的《矿产资源法》《煤炭法》中难以找到建立该项制度的必要法律依据。

法律制度的欠缺已经成为能源储备管理制度理性发展与良性运行的重要制度障碍。当前，中国能源储备制度建立还有很长的路要走，与西方发达国家还有很大的差距。除了受制于国力、财力等因素条件外，国际能源市场也远比以往更加繁杂。当前，我国制定的《原油市场管理办法》《成品油市场管理办法》等虽然对稳定国内能源市场起到了一定的作用，但从我国国情和能源供需现状来看，这些法规难以为能源战略储备制度提供法律基础。通过立法形式建立相应的能源应急保障机制，维护社会经济和保障国家能源安全，降低国际油价剧烈波动给国内经济带来的风险已迫在眉睫。以法律形式规范石油储备各参与主体的行为，是其他国家建立石油储备体系的通行做法。我国应尽快建设和完善相关法律制度，加强国际合作，为国家石油储备体系建设提供有力保障。

《能源法》（征求意见稿）第七章第78～83条，规定了科技创新、科技重点领域、扶持政策、科技发展机制、人才培养及科学普及制度。

5.6.2 能源应急管理制度

近些年来，从油荒、电荒以及2008年年初的雪灾导致的大面积停电中可以看出，我国的能源应急能力还十分有限。为了提高能源应急能力，保障能源供应安全，建立能源应急制度是十分必要的。从国家层面来看，能源应急管理是国家为了应对能源供应紧张、严重短缺和能源价格剧烈波动等能源紧急状态而采取的一种应急性措施。我国目前正处于经济社会快速发展的时期，整个社会对能源的需求迅速增长，我国能源安全面临着严峻的考验。虽然我国已先后出台了《国家突发环境事件应急预案》和《国家突发公共卫生事件应急预案》等专门应急预案，但国家能源领域的应急预案因诸多因素仍迟迟未能出台。能源应急管理作为能源管理的重要环节，对于保障政治稳定、经济发展和能源安全意义重大。保证能源应急管理相关配套性制度的规范运转，有助于应对能源供应短缺、价格波动等突发事件，维护基本能源供应和消费秩序。因此，加快建立能源应急管理制度是当前和今后应当必须认真解决的问题。宪法虽然对能源问题有所涉及，但对紧急状态下应急权力的分配和底线界定模糊。2007年11月开始施行的《突发事件应对法》所提供的立法思想和基本框架无疑为加强能源储备与应急管理提供了参考。建立能源应急管理制度可以最大限度地解决能源应急过程中存在的诸多难题，是能源领域的一项关键性制度。在国际竞争日趋激烈、能源价格不断攀升的时代背景下，加快能源应急管理制度建设显得尤为迫切。因此，中国应当以能源立法为契机，对能源应急管理制度作出明确的法律规定。能源应急管理分为预防准备、预警监测、应急响应和善后恢复等阶段。《能源法》（征求意见稿）第九章第九十六条规定：(1) 国家建立能源应急制度，应对能源供应严重短缺、供应中断、价格剧烈波动以及其他能源应急事件，维护基本能源供应和消费秩序，保障经济平稳运行。(2) 具体能源应急制度包括：应急范围与阶段、应急预案、应急事件分级、应急事件认定、应急处置原则、应急措施授权条件和约束、应急保障重点、应急相关主体责任和义务以及应急善后的制度措施。

5.6.3 能源善治的法律责任制度

作为法律义务履行的保障机制和法律义务违反的矫正机制，法律责任在法律体系中具有十分重要的地位。“法律责任是由于侵犯法定权利或违反法定义务而引起的，由专门国家机关认定并归结于法关系的有责主体的、带有直接强制性的义务，亦即由于违反第一性法定义务而招致的第二性义务。”① 由于市场经济条件下人的私利性，在各种利益诱惑下，以人的道德性为依托解决能源问题并不现实，唯有以承担法律责任的手段惩治违法行为主体，减少人类破坏能源环境、过度利用能源的行为，才能实现能源善治。我国能源善治的法律责任制度主要是由行政法律责任制度和刑事法律责任制度构成。

1. 行政法律责任制度

行政法律责任是公民、法人和其他组织因为违反行政法或行政法规定的事由而承担的不利后果。在能源基本法律中，行政法律责任是指能源生产经营单位或个人，因违反能源法律所规定的行政义务或实施了法律禁止的事项而承担的行政法上的不利后果，它的强制性主要是通过行政机关的行政执法行为体现出来。行政机关在行政执法的过程中发现违反能源法律、法规的行为同样触犯刑法的规定的，应该先移交司法机关追究其刑事

① 黄锡生，曾婷. 循环经济法律责任问题探讨 [J]. 广州大学学报（社会科学版），2006 (1).

责任，然后根据一事不再罚的原则，追究其行政责任。

行政法律责任是一种惩罚性法律责任，主要通过行政处罚，对违反能源法律法规的相对人所给予的制裁。行政处罚的形式包括警告、罚款、拘留、没收、停业或关闭、扣留或吊销许可证。根据我国有关法律规定，行政法律责任并不适用结果归责原则。换言之，在某种情况下，危害后果并不是承担行政责任后果的必要条件。

行政法律责任是能源善治法律责任制度体系的核心内容，是能源善治法律强制性的主要体现，其自身的强制性则是通过行政强制来实现的。根据《行政强制法》第34条和第53条规定，行政机关作出行政决定后，当事人在行政机关决定的期限内不主动承担责任的，也不提起行政诉讼和行政复议的，行政机关应当先行催告相对人履行义务。经催告，当事人逾期仍不履行行政决定且无正当理由的，有强制权的行政机关可以自行进行强制，没有强制权的行政机关可以申请人民法院强制执行。在2007年的“环保风暴”中，环境保护部启动“区域限批”政策，有效遏制了高污染、高耗能产业的迅速扩张。首批被限批的包括大唐国际、华能、华电、国电四大电力集团，还有山东省莱芜市（现属于济南市）、河北省唐山市、贵州省六盘水市、山西省吕梁市4个行政区域。2008年《水污染防治法》将“区域限批”政策上升为一种法定措施。“区域限批”政策自产生以来，一直充满争议，“争议的焦点在于，‘区域限批’对相对人的权益有重要影响，是一种严厉的行政处罚措施。但是，区域限批是由于个别企业违法所引起的，而不利后果却由整个地区的企业承受，故而很多学者认为，它是古代连坐制度的现代翻版，是一种新兴的公法替代责任”。这说明我国行政法律责任在实践中存有许多问题，加强能源资源管理是十分必要的。能源善治只有经过相关职能部门，依据国家法律法规和方针政策来强化执行力度，才能转化为巨大的现实动力，才能保障资源永续利用和可持续发展，形成能源善治事业所特有的驱动机制。

2. 刑事法律责任制度

在能源领域，以往我国对侵害能源行为的追责仅停留在民事、行政制裁手段上，远不足以阻止猖獗的能源犯罪行为，未达到强烈的威慑和震撼作用。法律主要是为了“维护利益关系的秩序”。正如迪尔凯姆所说：“如果我们要求对犯罪进行惩罚，那么我们就不允许进行个人报复，而是做某种高级一些的惩罚，即我们或多或少不清楚地感到在我们之上或之外的惩罚。”① 这符合法的秩序的本质属性要求。

《中华人民共和国刑法》总则第30条规定：“公司、企业、事业单位、机关、团体实施的危害社会的行为，法律规定为犯罪的，应当负刑事责任。”由此，国家机关实施严重危害能源行为触犯刑法规定的，应当认定为单位犯罪，追究其刑事责任。我国的传统刑法对能源保护适用范围有限，这既有刑法本身对能源立法不足的问题，也有具体司法实践中对能源破坏或损害行为惩罚失之于宽的原因。美国、德国等西方国家普遍实行能源保护上的严格责任主义，并对未尽到注意义务过失导致能源破坏和环境污染的行为加以刑事处罚，实现了刑法上能源刑事责任的理论突破。我国刑法关于能源犯罪刑事责任的规定和理论研究相对滞后，有必要进一步深入研究。

对于危害土地资源和生态环境资源渎职犯罪，我国法律早已有明确规定，但是由于管理制度等问题，危害土地资源和生态环境渎职犯罪仍未能有效遏制。2008年4月以来，最高检作了部署，全国检察机关开展深入查办危害能源资源和生态环境渎职犯罪专项工作。检察机关总结出危害能源资源和生态环境渎职犯罪呈现出的五大特点：涉及的罪名较为集中；重特大案件多；行政执法人员占比较高；窝案串案数量大；大部分案件都发生在基层监管环节。② 国家为加强能源资源和生态环境的司法保护，在刑法中规定了相应的罪名，最高人民法院和最高人民检察院对刑事追究的起刑点也作出了相应的规定，但查办环境渎职案仍普遍存在“三难”问题，即“线索发现难、案件查处难、案件认定难”③。

在此类案件提起公诉的有罪判决中，90%都是轻刑判决。究其原因，一是危害能源资源和生态环境渎职犯罪的主体多为国家工作人员，他们享有审批或监管职能，行为具有隐蔽性和复杂性，群众举报监督少。案发时一般都是已经造成了严重损害后果，特别严重的甚至造成上亿元的国家损失或重大人员伤亡。二是此类案件未能引起地方的重视。单位的地方保护

---

① ［法］E. 迪尔凯姆．社会学方法的准则［M］．狄玉明，译．商务印务馆，1995：85.

② 王灿发，于文轩．“圆明园铺膜事件”拷问我国环境影响评价法［J］．环境与经济杂志，2005（11）．

③ 李娜．九成能源资源和生态环境渎职案判决过轻［N］．法制日报，2011-04-06.

主义对案件审理干扰严重，一些接受缓刑处罚的当事人还在原岗位工作，甚至出现过在同一岗位再次渎职犯罪的现象。三是法律条文规定模糊，诸如“情节严重”“重大损失”等有关规定笼统且缺乏可操作性，在实践中处理此类案件具有很大的难度，尤其在法律条文规定模糊的情况下，此类案件的认定变得更加困难，查处此类案件阻力很大。

从总体上看，我国目前的能源形势十分严峻，除个别环节的情况有所改善外，能源短缺、供求失衡、资源枯竭、环境恶化等现象依旧存在并不断恶化，资源与环境的压力愈来愈大，能源安全的形势越来越严峻。虽然近年来我国的经济水平有了很大的提高，但现阶段我国首要的任务依然是经济建设，许多利益既得者在经济与环境的博弈中，以发展经济追求政绩工程为由放任能源消费和能源浪费。所以，对种种能源违法行为，应当加大刑事处罚范围和力度。考虑到我国的经济发展水平和公众能源保护意识的现状，在加大治理能源犯罪力度的同时也要合理把握节奏。能源犯罪的法益范围过宽将导致过度犯罪化，容易使人们在进行经济活动时束手束脚，影响经济发展，损害公民的利益。如果环境犯罪的法益过窄，就不利于能源生态环境的安全，违背其对能源犯罪立法目的的初衷。有效抑制违法行为的关键途径之一，就是降低守法成本而提高违法成本。当违法收益大于违法成本或者违法成本远小于守法成本时，行为主体常常会倾向于选择违法。因此，在构建完善能源善治法律体制中，加大能源领域刑事犯罪打击力量显得尤为重要。

结　语

能源是保障社会经济发展的基石，同时也是生态文明发展的重要影响因素。在能源发展为社会经济发展作出巨大贡献的同时，我国以煤为主的高碳能源发展方式引发了多种问题。“能源善治”概念的提出对于我国解决环境问题、应对气候变化、优化能源结构、推进节能减排以及加快经济发展方式转变，都具有重要意义。

现今，人类社会还处于石油时期，化石能源仍然是世界各国经济发展的主要推动力，在相当长的时期内，石油、天然气、煤炭等仍在人类能源消费中占主导地位。随着经济发展速度的加快和能源消费量的不断增加，各国在世界能源市场中的竞争将会越来越激烈。我国作为经济发展速度较快的发展中国家，能源需求持续增长，能源对外依存度也日益提高。我国经济和社会发展的能源约束和环境约束将会更加严峻。

能源善治引导公民自愿参与、积极合作，是一种政府与公众对能源公共生活进行合作管理的新型治理模式。能源善治给予了公众更多的参与能源公共管理的机会，赋予了他们表达自己利益诉求的权利。这不仅使公众自身获益，也使得他们维护能源公共政策的积极性大大增加，对实现公共利益最大化的根本要求具有重要意义。

能源善治的理想图景是在能源开发利用、流转、消费等各个环节和整个过程中，能源善治各主体广泛发挥作用，特别是社会力量参与到能源公共生活的管理中，建立政治国家与公民社会的一种新颖合作关系，达到两者的最佳状态。在能源管理过程中，应改变传统单一的政府治理模式，发动广泛的公众参与，形成融合行政手段、市场力量和公民参与的多元共治的格局。通过政府与公民的合作管理，建立政府、市场、公民、中介组织的多方合作新型关系，优化能源结构，提高能源效率，使环境这种典型公共物品达到公共利益的最大化，最终实现能源资源和经济社会可持续发展的目标，实现人与自然的和谐共处以及人类自身的幸福和有尊严的生活。

作为环境资源法学领域的一项崭新命题，本书对能源善治原理及制度规范的研究仅仅是一个开始，今后将重点加强对其理论和实践的深入研究，希望对改善我国能源管理现状作出一份贡献。

参考文献

一、著作类

北京大学法学院. 价值共识与法律合意［M］. 北京：法律出版社，2002.

陈德敏. 挑战与策略：中国资源安全法律保障研究［M］. 北京：法律出版社，2005.

邓正来. 社会学法理学中的“社会神”：庞德《法律史解释》导读. 北京：中国法制出版社，2002.

龚向前. 气候变化背景下能源法的变革［M］. 北京：中国民主法制出版社，2000.

冯之浚. 资源循环利用导论［M］. 北京：人民出版社，2004.

国家环境保护总局政策法规司. 循环经济立法选译［M］. 北京：中国科学技术出版社，2003.

黄振中，赵秋雁，谭柏平. 中国能源法学［M］. 北京：法律出版社，2009.

江山. 人际同构的法哲学［M］. 北京：中国政法大学出版社，2002.

金瑞林. 环境法学［M］. 北京：北京大学出版社，1999.

吕忠梅. 环境法新视野［M］. 北京：中国政法大学出版社，2000.

吕振勇. 能源法简论［M］. 北京：中国电力出版社，2008.

罗豪才，宋功德. 软法亦法：公共治理呼唤软法之治［M］. 北京：法律出版社，2009.

陆学艺. 当代中国社会阶层研究报告［M］. 北京：社会科学文献出版社，2012.

曲振涛，杨恺钧. 规制经济学［M］. 上海：复旦大学出版社，2006.

秦鹏. 资源循环利用法律制度研究［M］. 北京：光明日报出版社，2010.

世界环境与发展委员会. 我们共同的未来［M］. 长春：吉林人民出

版社，1997.

沈荣华．现代法治政府论［M］．北京：华夏出版社，2000.

孙荣，许洁．政府经济学［M］．上海：复旦大学出版社，2001.

孙柏瑛．当代地方治理［M］．北京：中国人民大学出版社，2004.

史际春，邓峰．经济法学评论［M］．北京：中国法制出版社，2004.

汪劲．中国环境法原理［M］．北京：北京大学出版社，2000.

王树义．环境法系列专题研究：第3辑［M］．北京：科学出版社，2008.

邢建国，汪青松，吴鹏森．秩序论［M］．北京：人民出版社，1993.

肖乾刚，肖国兴．能源法［M］．北京：法律出版社，1996.

谢鹏程．基本法律价值［M］．济南：山东人民出版社，2000.

杨泽伟．发达国家新能源法律与政策研究［M］．武汉：武汉大学出版社，2011.

俞可平．治理与善治［M］．北京：社会科学文献出版社，2000.

俞可平．权利政治与公益政治：当代西方政治哲学评析［M］．北京：社会科学文献出版社，2000.

俞可平．中国治理变迁30年［M］．北京：社会科学文献出版社，2008.

朱斌．中国能源的现在与未来［M］．重庆：重庆出版社，1987.

张文显．法学基本范畴研究［M］．北京：中国政法大学出版社，1993.

张文显．法理学［M］．北京：法律出版社，2008.

张勇．能源基本法研究［M］．北京：法律出版社，2011.

卓泽渊．法理学［M］．北京：法律出版社，1998.

卓泽渊．法律价值［M］．重庆：重庆大学出版社，1994.

周谨平．机会平等与分配正义［M］．北京：人民出版社，2009.

二、译著类

［美］艾伦·杜宁．多少算够：消费社会与地球的未来［M］．毕聿，译．长春：吉林人民出版社，1997.

［美］保罗·A．萨缪尔森．经济学［M］．高鸿业，译．北京：中国发展出版社，1992.

［美］查尔斯·霍顿·库利．人类本性与社会秩序［M］．包凡一，王

源，译. 北京：华夏出版社，1999.

［美］查尔斯·沃尔夫. 市场或政府［M］. 谢旭，译. 北京：中国发展出版社，1994.

［美］戴维·L. 韦默. 制度设计［M］. 费方域，朱宝钦，译. 上海：上海财经大学出版社，2004.

［美］道格拉斯·C. 诺思. 经济史中的结构与变迁［M］. 陈郁，罗华平，等译. 上海：上海三联书店、上海人民出版社，1994.

［美］道格拉斯·C. 诺斯. 制度、制度变迁与经济绩效［M］. 刘守英，译. 北京：生活·读书·新知三联书店，1994.

［美］丹尼尔·F. 史普博. 管制与市场［M］. 余晖，何帆，钱家骏，等译. 上海：上海三联书店、上海人民出版社，2006.

［美］丹尼斯·C. 缪勒. 公共选择理论［M］. 杨春学，等译. 北京：中国社会科学出版社，1999.

［美］E. 博登海默. 法理学：法哲学及其方法［M］. 邓正来，姬敬武，译. 北京：华夏出版社，1987.

［美］E. 博登海默. 法理学：法律哲学与法律方法［M］. 邓正来，译. 北京：中国政法大学出版社，1999.

［美］费朗西斯·福山. 大分裂：人类本性与社会秩序的重建［M］. 刘榜离，王胜利，译. 北京：中国社会科学出版社，2002.

［美］乔治·弗雷德里克森. 公共行政的精神［M］. 张福成，刘霞，张璋，等译. 北京：中国人民大学出版社，2003.

［美］卡洛琳·麦茜特. 自然之死：妇女、生态和科学革命［M］. 吴国盛，吴小英，曹南燕，等译. 长春：吉林人民出版社，1999.

［美］莱特斯·R. 布朗 .B 模式：拯救地球　延续文明［M］. 林自新，暴永宁，译. 北京：东方出版社，2003.

［美］曼库尔·奥尔森. 国家的兴衰［M］. 吕应忠，陈槐庆，吴栋，等译. 北京：商务印书馆，1996.

［美］塞·亨·纳尔逊. 难以抉择：发展中国家的政治参与［M］. 汪晓寿，吴志华，项继权，等译. 北京：华夏出版社，1989.

［美］萨缪·鲍尔斯. 微观经济学：行为、制度与演化［M］. 江艇，洪福海，周业安，等译. 北京：中国人民大学出版社，2006.

［美］特里·L. 库珀. 行政伦理学：实现行政责任的途径［M］. 北京：中国人民大学出版社，2001.

［美］约瑟夫·斯蒂格利茨. 社会主义向何处去：经济体制转型的理论与证据［M］. 周立群，韩亮，余文波，译. 长春：吉林人民出版社，1998.

［美］约翰·康芒斯. 制度经济学：上卷［M］. 北京：商务印书馆，1962.

［美］约翰·克莱顿·托马斯. 公共决策中的公民参与：公共管理者的新技能与新策略［M］. 北京：中国人民大学出版社，2005.

［美］詹姆斯·布坎南. 自由、市场和国家［M］. 吴良健，桑伍，曾获，译. 北京：北京经济学院出版社，1988.

［美］詹姆斯·N. 罗西瑙. 没有政府的治理［M］. 张胜军，刘小林，等译. 南昌：江西人民出版社，2001.

［英］戴维·米勒，韦农·波格丹诺. 布莱克维尔政治学百科全书［M］. 邓正来，译. 北京：中国政法大学出版社，2002.

［英］戴维·米勒. 社会正义原则［M］. 应奇，译. 南京：江苏人民出版社，2008.

［英］弗里德利希·哈耶克. 通往奴役之路［M］. 王明毅，冯兴元，马雪芹，等译. 北京：中国社会科学出版社，1997.

［英］弗里德利希·冯·哈耶克. 法律、立法与自由：第一、二、三卷［M］. 邓正来，张守东，李静冰，译. 北京：中国大百科全书出版社，2000.

［英］詹姆斯·爱德华·米德. 效率、公平与产权［M］. 施仁，译. 北京：北京经济学院出版社，1992.

［英］米尔恩. 人的权利与人的多样性［M］. 夏勇，张志铭，译. 北京：中国大百科全书出版社，1995.

［英］尼尔·麦考密克. 制度法论［M］. 周叶谦，译. 北京：中国政法大学出版社，2004.

［英］约瑟夫·拉兹. 法律体系的概念［M］. 吴玉章，译. 北京：中国法制出版社，1996.

［英］约翰·洛克. 政府论（下）［M］. 瞿菊农，叶启芳，译. 北京：

商务印书馆，1964.

[英] 亚当·斯威夫特. 政治哲学导论 [M]. 萧韶，译. 南京：江苏人民出版社，2006.

[英] 朱迪·丽丝. 自然资源：分配、经济学与政策 [M]. 蔡云龙，杨友孝，秦建新，译. 北京：商务印书馆，2005.

[日] 川岛武宜. 现代化与法 [M]. 申政武，王志安，渠涛，等译. 北京：中国政法大学出版社，1994.

[日] 黑川哲志. 环境行政的法理与方法 [M]. 肖军，译. 北京：中国法制出版社，2008.

[日] 猪口孝. 国家与社会 [M]. 高增杰，译. 北京：经济日报出版社，1989.

[澳] 欧文·E. 休斯. 公共管理导论 [M]. 彭和平，周明德，金竹青，等译. 北京：中国人民大学出版社，2001.

[德] 马克斯·韦伯. 社会科学方法论 [M]. 杨富斌，译. 北京：华夏出版社，1999.

[德] 马克斯·韦伯. 新教伦理与资本主义精神 [M]. 北京：生活·读书·新知三联书店，1987.

[德] 马克斯·韦伯. 经济与社会：下卷 [M]. 阎克文，译. 上海：上海人民出版社，2010.

[古希腊] 亚里士多德. 政治学 [M]. 吴寿彭，译，北京：商务印书馆，1965.

[印度] 阿玛蒂亚·森. 理性与自由 [M]. 李风华，译. 北京：中国人民大学出版社，2006.

[美] 戈文·斯塔林. 公共部门管理导论 [M]. 北京：中国人民大学出版社，2005.

三、期刊、论文类

蔡守秋. 善用环境法学实现善治：治理理论的主要概念及其含义 [J]. 人民论坛，2011 (5).

蔡守秋. 论环境安全问题 [J]. 安全与环境学报，2001 (5).

蔡守秋. 环境正义与环境安全：二论环境资源法学的基本理念 [J]. 河海大学学报（哲学社会科学版），2005 (2).

蔡守秋. 环境与环境民主：三论环境法学的基本理念 [J]. 河海大学学报，2005 (9).

蔡国田，张雷. 中国能源保障基本形势分析 [J]. 地理科学进展，2006 (5).

陈剑澜，邓文碧，叶文虎. 西方传统自然观的演变与影响 [J]. 中国人口·资源与环境，2000 (4).

陈建新，谢兰兰. 试论环境保护民主原则及其贯彻 [J]. 南方经济，2003 (9).

陈伟. 公法替代责任根据研究 [D]. 济南：山东大学，2011.

杜辉. 论制度逻辑框架下环境治理模式之转换 [J]. 法商研究，2013 (1).

丁宇. 走向善治的中国政府管理创新研究 [D]. 武汉：武汉大学.2011.

丁宇. 论善治的基本诉求 [J]. 江汉论坛，2009 (10).

钭晓东. 生态文明、风险社会与环境法功能进化 [J]. 学术月刊，2008 (40).

董正爱. 社会转型发展中生态秩序的法律构造 [J]. 法学评论，2012 (5).

丰霏，王天玉. 法律制度激励功能的理论解说 [J]. 法制与社会发展，2010 (1).

龚远星，王巍娜. 中国发展循环经济的几点思考 [J]. 再生资源研究，2004 (6)

郭云涛. 应加快我国能源管理体制改革 [J]. 中国煤炭，2004 (11).

高秉雄，张江涛. 公共治理：理论缘起与模式变迁 [J]. 社会主义研究，2010 (6).

黄振中，赵秋燕. 能源法应该成为一个独立的法律部门 [J]. 法学杂志，2009 (1).

黄爱宝. 生态善治目标下的生态型政府构建 [J]. 理论探讨，2006 (4).

黄锡生，曾婷. 循环经济法律责任问题探讨 [J]. 广州大学学报（社会科学版），2006 (1).

郝霖，王阔. 国家能源委员会成立：高规格构筑中国能源安全 [J].

今日科苑，2010（5）.

胡亚球. 程序安全：程序价值的新视角［J］. 中国法学，2004（5）.

何中舟. 从数字看能源［J］. 中国改革，2004（7）.

姜素红，杨凡. 环境公平涵义探析［J］. 湖南社会科学，2011（6）.

赖翠凤. 公共服务领域中政府与NGO的合作困境及出路［J］. 天水行政学院学报，2013（3）.

吕江：社会秩序规则二元观与新能源立法的制度性设计：以英国《2010年能源法》为例［J］. 法学评论，2011（6）.

李辉，任晓春. 善治视野下的协同治理研究［J］. 科学与管理，2010（6）.

李廷，陈加旭. 利益分析视角下四川新能源产业发展政策分析［J］. 西南石油大学学报（社会科学版），2011（5）.

李艳芳，林树杰. 可再生能源市场准入制度研究［J］. 中州学刊，2010（2）.

李以所. 论善治政府的基本内涵［J］. 理论导刊，2012（8）.

李军鹏. 推进社会管理创新的着力点［J］. 中国领导科学，2011（6）.

林美萍. 环境善治：我国环境治理的目标［J］. 重庆工商大学学报（社科版），2010（2）.

刘湘溶，曾建平. 作为生态伦理的正义观［J］. 吉首大学学报，2000（3）.

刘辉. 对我国《能源法》立法问题的思考［J］. 国际石油经济，2006（7）.

刘东刚. 中国能源监管体制研究［D］. 北京：中国政法大学，2011.

龙卫球. 法律主体概念的基础性分析（下）［J］. 学术界，2000（4）.

马维野，王志强，黄昌利. 我国能源安全的若干问题及对策思考［J］. 国家经济技术研究，2001（4）.

马长山. 市民社会与政治国家：法治的基础和界限［J］. 法学研究，2001（3）.

马英娟. 监管机构与行政组织法的发展：关于监管机构设立根据及建制理的思考［J］. 浙江学刊，2007（2）.

秦鹏. 生态消费法研究［D］. 重庆：重庆大学，2006.

沈承诚. 政府生态治理能力的影响因素分析［J］. 社会科学战线，2011（7）.

孙庆华．能源管理体制：由产业管理向宏观战略管理转变［J］．西部论丛，2008（2）．

孙巨峰．我国能源资源及能源消费现状分析与探讨［J］．西安航空技术高等专科学校学报，2000（3）．

孙佑海．循环经济法的基本框架和主要制度论纲［J］．法商研究，2007（3）．

史际春．新能源与可再生能源市场培育的经济法考量［J］．甘肃社会科学，2010（2）．

苏力．法律活动专门化的法律社会学思考［J］．城市规划汇刊，1994（6）．

谭柏平，黄振中．论我国能源法的四项基本原则［J］．中外能源，2010（8）．

唐敏．节约能源的法理念与制度：解读修订后的《节约能源法》［J］．电力需求侧管理，2008（1）．

唐铁汉．马克思主义公共管理思想原论［J］．新视野，2005（5）．

阳东辰．论循环经济发展中资源效率的法律调整［J］．中国软科学，2011（S1）．

余超文．治理理论视野下的政府生态善治［J］．安徽农业大学学报（社会科学版），2013（1）．

俞可平．治理和善治引论［J］．马克思主义与现实，1999（5）．

俞可平．全球治理引论［J］．马克思主义与现实，2002（1）．

杨解君，谭宗泽．新能源与可再生能源的立法需求分析［J］．南京社会科学，2009（3）．

杨解君．我国新能源与可再生能源立法之新思维［J］．法商研究，2008（1）．

闫娟．论社会管理主体多元化［J］．黑龙江教育学院学报，2006（6）．

杨静慧．善治语境下公众参与公共决策的困境及路径优化［J］．云南行政学院学报，2011（6）．

杨泽伟．中国能源安全问题：挑战与应对［J］．世界经济与政治，2008（8）．

王志雄．发展循环经济的若干制度创新问题研究［J］．上海企业，2006（4）．

王文革. 循环经济激励制度存在问题与对策 [J]. 环境科学与技术，2006 (12).

王灿发，于文轩. “圆明园铺膜事件”拷问我国环境影响评价法 [J]. 环境与经济杂志，2005 (11).

王辛梓. 善治理论视角下基本公共服务公共性的流失及回归 [J]. 群文天地，2012 (3).

王义. 从管制到多元治理：社会管理模式的转换 [J]. 长白学刊，2012 (4).

王星. 利益分化与居民参与：转型期中国城市基层社会管理的困境及其理论转向 [J]. 社会学研究，2012 (2).

肖国兴. 论能源法的理性及其法律逻辑 [J]. 中州学刊，2007 (4).

肖国兴.《能源法》与中国能源法律制度结构 [J]. 法学，2010 (8).

肖国兴.《能源法》制度设计的困境与出路 [J]. 法学，2012 (8).

徐崇龄. 为循环经济定位 [J]. 产业经济研究，2004 (6).

徐寿波. 改革开放30年中国能源发展战略的变革 [J]. 北京交通大学学报（社会科学版），2008 (7).

薛慧峰，王海宁.《中华人民共和国可再生能源法》的实施回顾及展望 [J]. 中外能源，2010 (3).

杨静慧. 善治语境下公众参与公共决策的困境及路径优化 [J]. 重庆理工大学学报（社会科学版），2013 (2).

杨泽伟. 我国能源安全保障的法律问题研究 [J]. 法商研究，2005 (4).

姚大志. 分配正义：从弱势群体的观点看 [J]. 哲学研究，2011 (3).

中国国土资源安全状况分析报告课题组. 我国能源问题的核心：石油安全 [J]. 中国国土资源报，2005 (11).

赵玲. 消费的人本意蕴及其价值回归 [J]. 哲学研究，2006 (9).

赵宏图. 全球能源安全对话与合作 [J]. 现代国际关系，2006 (5).

张康之，张乾友. 对市民社会和公民国家的历史考察 [J]. 中国社会科学，2008 (3).

张康之. 道德化的政府与良好的社会秩序 [J]. 社会科学战线，2003 (1).

张祺. 论法的价值共识：对当代中国法治进程中一个悖论的解决尝试 [J]. 法制与社会发展，2001 (5).

张怀民，杨丹．论分配正义：以“资源—机会—财富”为框架［J］．学术交流，2013（3）．

张桢，刘荣愫，等．公共服务领域中的竞争与合作［J］．华东经济管理，2005（10）．

张一粟．论我国环境权入宪的基本架构［J］．法学论坛，2008（4）．

周启梁．资源环境立法的权利本位困境与出路［J］．重庆大学学报（社会科学版），2007（5）．

曾加，董飞．对完善中国可再生能源法的几点思考［J］．西北大学学报，2011（2）．

赵爽．能源法律制度生态化研究［D］．重庆：西南政法大学，2009．

［英］R. A. W. 罗茨．新的治理［J］．木易，译．马克思主义与现实，1999（5）．

［新西兰］克劳斯·鲍斯曼．能源可持续发展的伦理学蕴含［J］．曹明德，邵方，王圣礼，译．比较法研究，2004（4）．

后 记

本书是在我的博士学位论文的基础上修订完成的。回想博士论文写作期间，多少个不眠之夜，秉灯夜读，查资料，找数据，斟酌文字，“吟安一个字，捻断数根须”，彷徨过，流泪过。那时孩子刚刚出生，新手妈妈一切都那么慌乱。在家人的鼓励和帮助下，我才能专心完成书稿的撰写。这本书是妈妈送给孩子的礼物，也是对家人的回馈。时间过得真快，一晃从壬辰年到了辛丑年。现在回想起来，觉得那真是一段美好的时光。奋斗的日子总是在闪闪发光。

踟蹰多年，经过多次修改补充，现在终于付诸出版。看着自己的研究开花结果，愧疚之余还有些许欣慰。感谢我的导师秦鹏教授为本书作序，引领我的学术之路，并支持我一路走下去。愿这本专著能开启我的创作之路，鼓励我在专业领域继续耕耘，同时也是对恩师教诲的回报。

一切才刚刚开始。

山东警察学院王昊鹏博士参与了本书部分内容的编写，提供了相关数据，并协助统计工作；山东警察学院刘宇飞等同学为本书做了部分资料整理和更新工作；山东警察学院李亦农教授给予我极大的鼓励和期许，在这里一并致谢。感谢山东大学出版社的尹凤桐副社长和肖淑辉编辑，希望能一起成长，友谊长存。

韦　冉

2021 年 5 月于济南